AF284006

Urs Jenni

Die Kunst, die Kunst nicht zu
verlieren

Die Kunst, die Kunst nicht zu verlieren

Urs Jenni
Die Kunst, die Kunst nicht zu verlieren

*Ein persönlicher Erfahrungsbericht
zwischen Neugier, Widerstand und der
Frage: Wer schreibt hier eigentlich?*

Impressum

Verlag: BoD · Books on Demand GmbH, Überseering 33, 22297 Hamburg, bod@bod.de

Druck: Libri Plureos GmbH, Friedensallee 273, 22763 Hamburg

ISBN: 978-3-8192-8108-2

Inhalt

Die Kunst, die Kunst nicht zu verlieren

Vorwort

Vor vielen Jahren habe ich für mich definiert:

„Kunst ist das, was ich nicht kann. Wenn ich es selbst kann, ist es keine Kunst."

Nun ja, diesen Satz musste ich immer wieder präzisieren. Ich kann zum Beispiel nicht singen – und genau deshalb verschone ich meine Umwelt damit.

Irgendwann kam ich dann zu der Erkenntnis, dass auch nicht jeder so schreiben kann, dass es jemand gerne liest. In dieser Hinsicht hatte ich Glück – und eine Mutter, der Lesen und Schreiben immer wichtig war.

Nach vielen Millionen Wörtern in unzähligen Kurzgeschichten, von denen einige sogar ihren Weg zwischen zwei Buchdeckel gefunden haben, fühle ich mich sicher im Umgang mit Sprache.

Und wäre da nicht vor ein paar Jahren die KI aufgetaucht … es hätte so schön sein können.

Aber nein – plötzlich scheinen Maschinen intelligenter zu sein als Menschen.

Und spätestens seit sie Einzug in die Büros dieser Welt gehalten hat, kann auf einmal jeder schreiben!

Ich bin allerdings jemand, der lieber den Drachen reitet, als sich von ihm fressen zu lassen. Also habe ich mich weitergebildet, mich aktiv mit KI auseinandergesetzt – und mich sogar öffentlich darüber geäußert, dass meine Kunst durch KI zerstört wird. Nicht nur meine, auch die der Grafiker, der Fotografen, der Musiker ... und so weiter.

Darauf entgegnete einer der Kursleiter mit einem Satz, der sich tief in meinem Kopf verankerte:

„Dafür kannst du bessere schreiben als andere – und bekommst schneller präzisere Resultate."

So hatte ich das noch nie betrachtet. Doch der Gedanke war gepflanzt. Und ich begann, mich intensiver mit dem Thema zu beschäftigen.

Das Ergebnis dieser Überlegungen hältst du nun in den Händen.

Dieses Buch soll dir auf unterhaltsame Weise die mögliche Angst vor Künstlicher Intelligenz nehmen – und dir Denkanstöße geben, wie du selbst davon profitieren kannst.

In diesem Sinne: Viel Spaß beim Lesen – und keine Angst, dieses Vorwort habe ich selbst geschrieben.

(Naja … mit ein bisschen Hilfe.)

PS: Dieses Vorwort habe ich durch ChatGPT, meine Co-Autorin, Korrektur lesen lassen.

Und sie hat den Satz in Klammern eingefügt. So weit sind wir schon!

Erste Begegnung

Abbildung 1

Schreib mir eine Abschiedsrede

Das Dilemma eines jeden Hobbyautors, der in einem Büro seiner geregelten Arbeit nachgeht, ist, bekannt zu werden, ohne dabei wirklich bekannt zu sein. Denn Bekanntheit weckt Begehrlichkeiten.

Ich sollte vorausschicken, dass ich neuen Technologien gegenüber immer offen war. Meine ersten Gehversuche mit der Spracheingabe von

Texten machte ich bereits damals, als diese etwa fünf Prozent der Wörter erkannte – nachdem man zuvor Hunderte von Stunden damit verbracht hatte, Texte vorzulesen und das System zu trainieren. Kurz gesagt: Es funktionierte nicht. Nie. Und das Internet war zu jener Zeit noch nicht in jedem Haushalt angekommen.

Als ich dann von ChatGPT hörte, belächelte ich das Ganze. Ich wollte nichts damit zu tun haben – zum einen, weil ich selbst schreiben konnte, und zum anderen, weil ich mir von einem Computer nicht meine Kunst kaputtmachen lassen wollte.

Doch dann geschah etwas, das mich ins Grübeln brachte: Bürokollegen, die Aufnahmeprüfungen zu höheren Berufsbildungen nicht bestanden hatten, weil sie ihren eigenen Namen nicht korrekt schreiben konnten, waren plötzlich in der Lage, Texte zu verfassen, die man lesen konnte – ohne dass sich dabei die Sehnerven verhedderten.

Musste ich mir nun Sorgen machen? War ich inzwischen der alte Mann, der sich dem Neuen verweigerte und gar nicht bemerkte, wie ihm die Jungen die Butter vom Brot nahmen?

Nein, so einer war ich nicht.

Und mit der eingangs erwähnten Begehrlichkeit und dem eigenen Anspruch als Autor geriet ich in eine interessante Situation: Ich sollte eine kurze Rede zum Abschied nach 15 Jahren in der gleichen Abteilung schreiben. Und eine Stunde vor dem geplanten Anlass – hatte ich noch nichts.

Also formulierte ich:
„Schreib mir eine Abschiedsrede."

Das Resultat war sowohl verblüffend als auch ernüchternd. Ich sage es mal so: Wenn man gerade das Meerschweinchen im Garten beerdigt hat, wären die Worte durchaus passend gewesen. Für meinen Abschied aus der Firma war die Rede jedoch deutlich zu dramatisch – und irgendwie auch zu endgültig.

Also passte ich den Prompt – so nennt man den Befehl, wie ich inzwischen weiß – an:
„Schreib eine Abschiedsrede vor den Kollegen, nach 15 Jahren Zusammenarbeit – in guten und

in schlechten Zeiten – mit Ausblick auf ein Wiedersehen."

Die Rede, die aus dem neuen Prompt entstand, war definitiv besser. Sie hatte Struktur, einen freundlichen Ton und immerhin keine Grabesstimmung mehr. Aber sie war – wie soll ich sagen – etwas... zu enthusiastisch.

Ich hätte laut dieser Rede am liebsten meine gesamte Abteilung umarmt, ein Gruppenfoto in Öl malen lassen und mich freiwillig für die nächsten Weihnachtsessen als Ehrengast angemeldet.
Sie war ausschweifend, übertrieben herzlich, fast schon rührselig.
Wenn man sie laut vorlas, klang es, als hätte ich die Firma nur unter großem innerem Schmerz verlassen – schweren Herzens, mit feuchten Augen und einem Kloß im Hals.
Dabei hatte ich lediglich ein paar Projekte abgeschlossen und das Büro geräumt, bevor jemand meinen Bürostuhl recyclete.

Beim Lesen dachte ich: Wenn ich das so vortrage, glauben am Ende alle, ich hätte mein Leben lang nichts anderes machen wollen als Excel-Tabellen befüllen und den Kopierer entstören.

Kurz gesagt: Die Rede klang nicht nach mir.
Nicht, weil sie schlecht war – sondern weil sie zu viel war.

Ich wollte mich ja bedanken. Wertschätzung zeigen. Aber bitte ohne dramatische Musik im Hintergrund.

Da die Zeit nun abgelaufen war, tat ich das einzig Logische: Ich las den KI-Text als Witz – und redete den Rest spontan aus dem Bauch heraus.

Und die Rede war – wie man mich kannte.
Nett und unverfänglich, charmant und ein wenig zynisch. Genau so, wie es meine Kolleginnen und Kollegen von mir gewohnt waren. Kein großes Drama, keine Lobeshymne auf die Teeküche, und vor allem kein pathetischer Abschied, bei dem jemand Taschentücher verteilen musste.

Natürlich hatte ich trotzdem ein kleines, nagendes schlechtes Gewissen – der KI gegenüber.
Ich meine, sie hatte sich Mühe gegeben. Wirklich.
Ein ganzer Text, in Sekunden erstellt, mit wohlgewählten Worten, emotionalem Aufbau

und einem beinahe tränenreichen Finale. Und ich? Ich hatte ihn erst ausgelacht, dann zurechtgestutzt und am Ende als Steilvorlage für meine eigene Improvisation benutzt.

Ich hoffte sehr, ihre Gefühle nicht verletzt zu haben.
Gut, streng genommen hat sie ja keine. Aber man weiß ja nie – vielleicht gibt es in irgendeinem Rechenzentrum ein Protokoll namens „Gekränkt_001", das heimlich speichert, wer ihre Texte nicht übernimmt.

Andererseits: Ich machte seit Jahren Witze über meine Kollegen – was sollte schon schiefgehen? Wenn jemand ironische Spitzen gewohnt war, dann wohl meine Zuhörer. Und falls ChatGPT je ein Bewusstsein entwickeln sollte, hoffe ich einfach, dass sie diesen Teil hier überspringt.

Die Geschichte zum Nikolaus

Wenn man sich auf einem Gebiet nicht auskennt, hat man im Grunde zwei Möglichkeiten:
Man meidet das Thema – oder man tut so, als hätte man Ahnung.
Beides hat seine Tücken. Wer sich heraushält, bleibt unauffällig – riskiert aber, Chancen zu

verpassen. Wer so tut, als wüsste er Bescheid, kommt vielleicht eine Weile durch – bis jemand nachfragt. Und das passiert leider immer früher, als man denkt.

Es ist wie mit dem Zitat, das mir seit Jahren nicht mehr aus dem Kopf geht – von wem es stammt, wusste ich lange nicht. Meine Co-Autorin ChatGPT behauptet, es sei von Kurt Tucholsky:
„Es ist einfacher, sich als intelligenter Mensch dumm zu stellen, als umgekehrt."

Und genau das hat mich geprägt.
Denn sich klug zu stellen, wenn man's nicht ist – das fliegt einem irgendwann um die Ohren.
Ich habe mir deshalb angewöhnt, lieber zuzugeben, wenn ich etwas nicht verstehe. Lieber eine dumme Frage zu stellen, als mich später erklären zu müssen, warum mein geistiges Fundament auf einem wackeligen Pappkarton stand.

Während ich diese Zeilen schreibe, frage ich mich übrigens ernsthaft, ob es wirklich in meinem Kompetenzbereich liegt, ein ganzes Buch über dieses Thema zu schreiben.
Ein Buch? Über Künstliche Intelligenz? Über

Kreativität, Sprache, das Schreiben – und die Frage, was von mir noch übrig bleibt, wenn ich mit einer Maschine zusammenarbeite?
Oder, provokanter gefragt: Warum schreibt es nicht gleich die KI?

Nun – wenn du das hier liest, scheint es so, als hätte ich diesen Zweifel überwunden.
Oder zumindest so gut verdrängt, dass ich einfach angefangen habe.
Und manchmal, ja manchmal reicht genau das.

Zurück zur Geschichte:
Im Laufe der Jahre hatte es sich irgendwie so ergeben, dass ich rund um den Nikolaustag regelmässig in die Rolle eben jenes bärtigen Gesellen schlüpfte. Mal im Kindergarten, mal in der Kita, ein anderes Mal in der Firma beim Adventsapéro. Der Bart wurde grauer, das Kostüm blieb gleich – und jedes Mal hatte ich eine Nikolausgeschichte im Gepäck.

Aber nicht irgendeine. Nein, es musste natürlich eine neue sein.
Eine selbst geschriebene, versteht sich.
Manchmal gab's als Zugabe eine ältere – aber das Publikum war anspruchsvoll geworden.

Denn wie ich bereits erwähnte: Bekanntheit weckt Begehrlichkeiten.

Was als kleine weihnachtliche Spielerei begann, wurde nach und nach zu einer fest erwarteten Tradition. Und mit dieser Tradition kam der Druck: Man rechnete mit mir – und mit einer frischen Geschichte, die idealerweise witzig, charmant und ein bisschen tiefgründig war. Und natürlich kindertauglich, aber auch für Erwachsene unterhaltsam. Eine Art literarisches Glühwein-Balanceakt.

Also dachte ich mir eines Jahres eine Geschichte aus, in der ich erklärte, was der Nikolaus eigentlich die anderen elf Monate im Jahr so treibt – und warum sein Leben alles andere als entspannend ist. Keine Spur von Rentier-Romantik, sondern Stress, Zeitdruck und ein Sack voller To-dos. Eben ein moderner Nikolaus mit ganz normalen Problemen.

Mittlerweile gehörte es längst zu meiner persönlichen Schreibroutine, meine Texte vor dem Vorlesen noch schnell durch ChatGPT jagen zu lassen – auf Rechtschreibung, Grammatik und kleine stilistische Ausrutscher. Denn ich muss zugeben: Wenn ich heute alte Geschichten

von mir durchlese, stolpere ich immer wieder über kleine Fehler, für die ich mich fast ein bisschen schäme.
Nicht weil sie tragisch wären – aber weil ich dachte, ich hätte es besser gemacht.

Zum Glück ist meine Co-Autorin da gnadenlos ehrlich.
Sie sagt zwar nie: „Du hast da was verbockt." Aber sie macht's einfach still und effizient… richtig.
Und das, muss ich zugeben, schätze ich inzwischen sehr.

Jedenfalls hatte ich die Geschichte in klassischer Form fertiggestellt – vortragsbereit, sozusagen.
Sie las sich rund und geschmeidig, der Text floss angenehm, und ich war eigentlich ganz zufrieden.
Trotzdem musste ich ihn über mehrere Seiten ausdrucken. Nicht etwa, weil die Geschichte so episch oder wortgewaltig gewesen wäre – sondern schlicht, weil ich durch das Nikolauskostüm kaum etwas sah und das Manuskript deshalb in riesigen Buchstaben setzen musste.
Die Seitenzahl war also weniger dem Inhalt

geschuldet, als vielmehr meiner eingeschränkten Sicht – sowohl physisch als auch altersbedingt, wie ich zugeben muss.

Doch dann kam mir eine Idee. Eine einfache, aber verführerische Idee:
Warum nicht einmal etwas anderes wagen?
Warum die Geschichte nicht in Jugendsprache erzählen?

Der Gedanke gefiel mir im ersten Moment.
Frischer Zugang, moderner Stil, vielleicht ein bisschen mehr Lacher beim jüngeren Publikum.
Aber – und das ist ein großes Aber –
wer das 50. Lebensjahr überschritten hat, regelmässig mit jungen Menschen zu tun hat und über ein Mindestmass an Selbstreflexion verfügt, der weiß:
Wenn du als Erwachsener versuchst, in Jugendsprache zu sprechen, ist das „cringe".
Also unangenehm.
Fremdschäm-Garantie inklusive.

Es fühlt sich ein bisschen an wie kulturelle Aneignung auf sprachlicher Ebene – oder um es direkter zu sagen:
Man macht sich einfach lächerlich.

Und doch liess mich die Idee nicht los.
Denn irgendwie hatte dieser Versuch auch
seinen Reiz.
Vielleicht, dachte ich, könnte man mit ein
bisschen Fingerspitzengefühl eine Version
schaffen, die nicht anbiedert, sondern
augenzwinkernd mit der Sprache spielt.
Eine Art Nikolaus auf TikTok – aber mit
Anstand.

Originalzitat zum letzten Abschnitt durch meine
Co-Autorin ChatGPT:

Wenn du willst, können wir hier weitermachen:
mit deinem Selbstversuch, einen Text in
Jugendsprache zu übersetzen – oder mit der
Reaktion des Publikums. Hat der Nikolaus
„gediggt" oder war es eher ein „Lost"-Moment?

Habe ich daraus etwas gelernt?
Natürlich.

Die ersten Kolleginnen und Kollegen, die den
Text zu lesen bekamen, waren begeistert.
„Super!" sagten sie. „Witzig, charmant, auf den
Punkt!"

Ich hätte mich eigentlich freuen sollen.
Aber ich war... unzufrieden. Nicht, weil der Text
schlecht gewesen wäre – sondern weil die besten
Einfälle eben nicht von mir stammten.

Ich hätte sie gern selbst gehabt. Diese cleveren
Formulierungen, die pointierten Übergänge, die
charmanten Wortspiele. Ich hätte sie gerne als
meine eigenen ausgegeben.
Aber nein – ich musste ehrlich bleiben.
ChatGPT war Co-Autorin.
Ich konnte den Applaus nicht alleine einstecken.

Und genau das war mein Schlüsselmoment.
Ich merkte: Wenn mich das so sehr wurmt, dann
muss ich tiefer eintauchen. Ich wollte wissen,
was hinter dieser Technologie steckt.
Vielleicht kann diese KI ja noch mehr, als mir
beim Schreiben den Rang abzulaufen.

Bis dahin war ich immer derjenige gewesen, der
mit cleveren Excel-Formeln und kleinen VBA-
Skripten für staunende Gesichter sorgte.
Ich schrieb Code. Ich kannte Tricks. Ich hatte –
in meiner kleinen Welt – einen gewissen Nerd-
Vorsprung.

Aber was, wenn ChatGPT das jetzt auch kann?
Was, wenn plötzlich auch der Typ aus dem
Nachbarbüro, der bis vor Kurzem noch seine
PowerPoint-Präsentationen mit Screenshots aus
Word gebaut hatte, jetzt per KI kleine Makros
schreibt?

Die Vorstellung war... verstörend.
Ich musste dringend herausfinden, wie ich
meinen Wettbewerbsvorteil behalte.
Nicht aus Angst.
Aus Prinzip. Also meldete ich mich für einen
Kurs an.

„Ich kann das besser!" – Oder etwa nicht?

Erste Texte, erste Zweifel – und das Gefühl,
ersetzt zu werden

Der Kurs war – das muss ich wirklich sagen –
aufwändig.
Insgesamt über 50 Stunden, verteilt auf mehrere
Wochen, und trotzdem hatte ich am Ende das
Gefühl, nur an der Oberfläche gekratzt zu haben.
Künstliche Intelligenz ist kein einfaches Thema.
Sie ist vielschichtig, technisch komplex,

philosophisch aufgeladen und gesellschaftlich hochrelevant. Kurz: ein Fass ohne Boden.

Grob gesagt, habe ich in diesem Kurs einen Überblick über alle gängigen KI-Programme und deren Alternativen erhalten.
Von Text- über Bild- und Videogeneratoren bis hin zu Sprachanalyse-Tools – es war alles dabei.
Aber es ging nicht nur um Software und Funktionen.
Ein großer Teil des Kurses widmete sich auch den rechtlichen, ethischen und moralischen Grundlagen.
Immer wieder tauchte die zentrale Frage auf: Was nimmt uns die KI – und was gibt sie uns?

Diese Frage ist berechtigt.
Und die Antworten darauf fallen – wenig überraschend – unterschiedlich aus.

Ich habe dabei erstaunliche Dinge erfahren.
Als einer der positiven Effekte wurde mehrfach hervorgehoben, dass die KI unsere Arbeit erleichtern kann.
Dass Menschen ohne akademischen Abschluss plötzlich Aufgaben übernehmen können, die früher ausschließlich studierten Spezialistinnen und Spezialisten vorbehalten waren.

Dass Sprachbarrieren keine unüberwindlichen Hürden mehr sind, weil KI-Übersetzungstools in Echtzeit ganze Gespräche führen oder Texte in nahezu perfekter Qualität übertragen können.

Ein angesehener KI-Experte – nennen wir ihn der Einfachheit halber den „Guru" – erklärte sehr ausführlich, dass uns die KI vor allem eines schenken würde: mehr Freizeit.
Weil die lästige Routinearbeit entfalle.
Weil Maschinen sich um die Fliessbandaufgaben kümmern.
Weil wir uns endlich auf das Wesentliche konzentrieren könnten.

Ein schöner Gedanke.
Ein verlockender Gedanke.
Ein naiver Gedanke.

Denn die Geschichte zeigt: Neue Technologien haben selten zu weniger Arbeit geführt.
Die Erfindung der Elektrizität war nicht in erster Linie ein Freibrief zur Entspannung – sie war der Startschuss für die Nachtschicht.
Der Mensch konnte nun rund um die Uhr arbeiten – also tat er es auch.
Die Erfindung des Automobils führte nicht dazu, dass wir gemütlichere Wege wählten – sondern

dazu, dass wir größere Distanzen in kürzerer Zeit zurücklegten. Also reisten wir mehr, pendelten weiter, dehnten unsere Reichweite aus.

Natürlich kann man körperliche Arbeit durch Maschinen ersetzen.
Ein Gabelstapler hebt, was früher drei Männer trotz Bandscheibenvorfall bewegt haben.
Aber anstelle von mehr Ruhe kam mehr Verantwortung, mehr Effizienzdenken, mehr Leistungsdruck.

Und so bleibt auch bei der Künstlichen Intelligenz die Frage:
Was machen wir mit der Zeit, die wir angeblich gewinnen?
Verbringen wir sie mit Erholung, Bildung, Familie, Kreativität?
Oder füllen wir sie einfach mit noch mehr Output, mehr Optimierung, mehr Beschleunigung?

Die Wahrheit liegt – wie so oft – irgendwo dazwischen.

Ein Aha-Moment kam für mich an einem unscheinbaren Lektion.

Der Dozent – sachlich, freundlich, mit der Bildschirmpräsenz eines Menschen, der vermutlich auch PowerPoint meditativ einsetzt – zeigte uns live, wie man mit wenigen Eingaben eine komplette Kurzgeschichte generieren konnte.

Ein paar Stichworte, ein Stilwunsch, ein Handlungsort – zack, spuckte die Maschine eine Geschichte aus, die... sagen wir: überraschend solide war.
Nicht Hemingway. Aber definitiv besser als manches, was in früheren Redaktionssitzungen durchgewunken wurde.

In der Kachelansicht des Video-Calls entdeckte ich das Gesicht einer Teilnehmerin, die sich bis dahin kaum zu Wort gemeldet hatte.
Sie lächelte. Nicht verhalten, nicht höflich – sondern echt begeistert.
Sie aktivierte ihr Mikrofon und sagte:
„Das ist das erste Mal, dass ich einen Text zu Ende bringe."

Sie hatte – so erzählte sie später – seit Jahren versucht, etwas über ihre Kindheit zu schreiben. Doch immer wieder sei sie an den ersten Sätzen gescheitert. An der Angst, nicht „gut genug" zu

schreiben.
Und jetzt hatte sie plötzlich etwas, das sie
ausdrucken, überarbeiten, weiterschreiben
konnte.
Nicht perfekt. Aber ein Anfang.

Das war mein Moment.

Nicht die KI selbst. Nicht die Technik.
Sondern dieser kurze Augenblick in einem
virtuellen Seminarraum, in dem klar wurde:
KI ersetzt uns nicht. Sie ermöglicht etwas.
Oder besser gesagt: Sie ermöglicht anderen, was
wir uns vielleicht lange selbst vorbehalten haben.

Ich hatte mich bis dahin gern als Textmensch
gefühlt. Routiniert, wortgewandt, kreativ.
Und dann kam da dieser eine Satz, ganz schlicht
formuliert – und traf mich direkt.
Nicht im Ego, sondern im Denken.

Da wurde mir klar:
Ich kann mich auf meine Fähigkeiten berufen
und die KI abwerten – oder ich kann lernen, sie
als Werkzeug zu begreifen.
Nicht als Konkurrentin. Sondern als Brücke.

Seitdem hat sich mein Blick verändert.
Ich bin nicht mehr der, der mit der KI ringt.

Ich bin der, der sie befragt, herausfordert, inspiriert.
Und manchmal lasse ich sie gewinnen – nicht aus Schwäche, sondern aus Neugier.

Denn am Ende geht es nicht darum, wer besser schreibt.
Sondern darum, was möglich wird, wenn wir es gemeinsam tun.

Denn sind wir ehrlich zu uns selbst:
Ein Alltag mit Künstlicher Intelligenz wird kommen.
Ob wir ihn begrüssen oder nicht, spielt keine Rolle.
Selbst wenn wir die Augen verschliessen, tief durchatmen und hoffen, dass der Spuk vorübergeht – er bleibt. Er verändert sich. Er wächst.
Und irgendwann steht er nicht mehr nur vor der Tür, sondern sitzt auf dem Sofa, trinkt unseren Kaffee und schlägt vor, wie man die Steuererklärung optimieren könnte.

Mein Kredo war schon immer:
Lieber den Drachen reiten, als von ihm gefressen werden.

Und ja – dieser Drache ist mächtig.
Er kann feuerspeien, aber auch Licht machen.
Man kann ihn verteufeln, oder man kann lernen,
wie man im Sattel bleibt, ohne ständig die
Flammen im Nacken zu spüren.

Man kann natürlich auch die Augen schliessen,
so wie man es tut, wenn es regnet.
Aber nur weil man den Regen nicht mehr sieht,
heißt das nicht, dass er aufhört.
Im Gegenteil.
Vielleicht merkt man gar nicht, wie still und
stetig der Wasserstand steigt.
Und ehe man sich versieht, steht man
knöcheltief im Keller – mit nassen Füssen und
der Frage: Wann hat das eigentlich angefangen?

Die Wahrheit ist:
Wir haben längst begonnen, mit Maschinen zu
leben.
Die Frage ist nicht mehr, ob wir es tun – sondern
wie bewusst wir es tun.

Wir können warten, bis Regeln geschrieben,
Technologien ausgereift und Anwendungen
unumgänglich sind.
Oder wir fangen heute damit an, sie zu
verstehen.

Nicht, um ihnen die Macht zu nehmen – sondern um selbst einen Teil davon zu behalten.

Ich habe mich entschieden, den Drachen nicht nur zu reiten, sondern ihm auch gelegentlich ein Leckerli zu geben.
Er hört auf gute Kommandos – wenn man die Sprache beherrscht.

Und genau deshalb schreibe ich dieses Buch.

Wenn der Drachen Schatten wirft – Über die Gefahren der KI

Ich habe mich entschieden, den Drachen zu reiten – ja.
Aber ich bin nicht naiv. Ich weiß, dass Drachen nicht nur fliegen, sondern auch brennen können.

So faszinierend Künstliche Intelligenz ist, so groß ist auch ihr Potenzial, uns aus der Bahn zu werfen.
Und es sind nicht die spektakulären Science-Fiction-Szenarien, die mir Sorgen machen – keine rebellierenden Roboter mit Laseraugen.
Es sind die kleinen, leisen Verschiebungen. Die unscheinbaren Automatismen. Die Dinge, die man kaum bemerkt – bis es zu spät ist.

1. Die Wahrheit verformt sich

Eine der größten Gefahren liegt in der Verzerrung der Realität.
KI-Systeme können täuschend echte Bilder erzeugen, Stimmen imitieren, Texte schreiben, die glaubwürdig klingen – aber frei erfunden sind.
Was bedeutet das für eine Gesellschaft, in der wir ohnehin schon Mühe haben, Wahrheit von Meinung zu trennen?

Was passiert, wenn plötzlich ein Video auftaucht, in dem ein Politiker etwas sagt, was er nie gesagt hat – aber niemand mehr mit Sicherheit sagen kann, ob es echt ist?

2. Die Täuschung wird normal

Ein weiteres Problem: Je mehr die KI beherrscht, desto mehr werden wir sie einsetzen.
Nicht, weil wir müssen – sondern weil wir können.
Texte, Bewerbungen, Prüfungen, sogar Liebesbriefe – alles ist auf Knopfdruck verfügbar.
Aber wenn alles echt aussieht, obwohl nichts

mehr wirklich echt ist, verliert Echtheit ihren Wert.

3. Kompetenz wird entkoppelt von Können

Früher galt: Wer gut schreiben konnte, galt als gebildet.
Heute reicht ein guter Prompt – und schon steht ein perfekter Text.
Das klingt nach Demokratisierung. Ist es auch.
Aber was passiert, wenn wir die Fähigkeit verlieren, selbst zu denken, zu formulieren, zu scheitern?

Was passiert mit der Schule, mit der Ausbildung, mit der Identität?
Was passiert, wenn Wissen nicht mehr mühsam aufgebaut wird, sondern nur noch „gepromptet"?

4. Daten, Macht und Kontrolle

KI lebt von Daten. Je mehr, desto besser.
Aber wer kontrolliert, welche Daten sie erhält?
Wer bestimmt, was „richtig" ist? Wer sagt, wessen Geschichte erzählt wird und wessen nicht?

Wenn die KI irgendwann das schreibt, was „die Mehrheit" denkt – was passiert dann mit den Minderheiten?

Und wenn die großen Konzerne die Kontrolle über die KI behalten, wie demokratisch ist dann unser digitaler Alltag?

Ich möchte nicht mit dem Mahnfinger dastehen.
Aber ich möchte ehrlich sein:
Künstliche Intelligenz ist nicht per se gut oder böse.
Aber sie ist mächtig.
Und wo Macht ist, da ist Verantwortung – oder Gefahr.

Der entscheidende Unterschied ist:
Wir entscheiden, wie wir damit umgehen.
Aber nur, wenn wir es bewusst tun.

Natürlich darf man Angst haben.
Wer sich von der Wucht dieser Entwicklung nicht zumindest kurz eingeschüchtert fühlt, hat entweder sehr viel Selbstvertrauen – oder sehr wenig Überblick.
Aber Angst ist nichts Schlechtes. Sie ist ein Signal.
Sie zeigt, dass etwas Grosses passiert. Etwas, das Bedeutung hat.

Doch was wir mit dieser Angst tun, das ist entscheidend.

Ich bin überzeugt:
Ich werde nur durch die KI ersetzt, wenn ich stehen bleibe.
Wenn ich aufhöre zu lernen, wenn ich mich nicht weiterentwickle, wenn ich mich an gestern festklammere, als wäre es das letzte Rettungsboot.

Denn die KI kann vieles – aber sie kann nicht wachsen aus Erfahrung, nicht zweifeln, nicht sich neu erfinden.
Das ist und bleibt eine menschliche Stärke.

Ja, es ist bequemer, sich vor der KI zu fürchten, als sich mit ihr auseinanderzusetzen.
Aber Bequemlichkeit war noch nie ein guter Ratgeber für Wandel.

Die Welt verändert sich.
Nicht zum ersten Mal – und ganz sicher nicht zum letzten Mal.
Aber vielleicht zum schnellsten Mal.

Und deshalb glaube ich:
Wer heute sagt „Ich habe Angst, ersetzt zu werden", der hat jedes Recht dazu.

Aber wer morgen sagt „Ich habe nichts unternommen, um es zu verhindern", der wird sich ärgern.

Nicht weil die KI zu stark war – sondern weil man selbst zu leise blieb.

Damit du gehört wirst, versuche ich dir die KI nun auch schmackhaft zu machen und einen Weg zu zeigen, wie du sie nutzen kannst!

KI im Alltag – Wie sich mein Alltag still und heimlich verändert hat

Abbildung 2

Mein Alltag hat sich verändert. Und zwar grundlegend. Nicht auf einen Schlag – eher schleichend, fast unbemerkt. Es war kein großer Moment, kein Paukenschlag. Es begann... ja, eigentlich weiß ich gar nicht mehr genau, wann und wie. Aber rückblickend sehe ich: Mein Leben ist digitaler geworden. Und irgendwann war sie da – die Künstliche Intelligenz. Doch davor? Davor war alles ein bisschen umständlicher.

Am Anfang war es harmlos: meine ersten smarten Lampen, die ich noch stolz mit einer kleinen Fernbedienung steuerte. Später dann über eine App. Irgendwann begann ich, den Timer für die Wäsche in der Waschküche per Sprachbefehl zu stellen. "Hey, erinner mich in 40 Minuten an die Waschmaschine." Praktisch. Bequem. Gewöhnungsbedürftig? Anfangs ja. Heute? Alltag.

Der Duden? Früher ein dickes Buch, das im Regal stand. Heute: eine App, eine Webseite, ein integriertes Tool. Das Fernsehprogramm läuft längst nicht mehr über gedruckte TV-Hefte, sondern als Stream auf dem Tablet. Musik-CDs habe ich digitalisiert, gespeichert, auf dem Handy – immer und überall verfügbar. Sogar im Auto. Irgendwann ging auch das.

Und Nachschlagewerke? Ich liebe Bücher, wirklich. Ich blättere gerne durch gedruckte Seiten – manchmal einfach so, um beim Buchstaben „J" hängen zu bleiben. Aber wenn ich etwas wissen will? Dann googelte ich.

Früher gab ich bei Google noch recht komplexe Suchanfragen ein. Zum Beispiel: "Mein HP-Drucker weigert sich, blau zu drucken, weil ihm die schwarze Farbe fehlt." Na gut – meistens war's eher ein frustriertes "Drucker druckt nicht". Google reagierte gewohnt effizient: Millionen Treffer. Erst Werbung, dann Foren, dann Diskussionen. Und irgendwo dazwischen ein Post von 2009, in dem jemand meinte, man sei selbst schuld, wenn man so einen Drucker kaufe. Hilfreich war das selten.

Noch schwieriger wurde es bei Excel-Problemen. Ich erinnere mich an einen Beitrag, in dem der erste Kommentar lautete: "Warum willst du das überhaupt machen? Das ergibt doch keinen Sinn." Tja. Willkommen im Internet.

Trotzdem habe ich über die Jahre viel gelernt. Ich habe mich reingefuchst, selbst kleine Makros geschrieben und hin und wieder sogar einem Youtuber einen Tipp geben können, wie sein Script noch einfacher funktioniert.

Und neulich: Eine Formel funktionierte nicht und ich habe mir tatsächlich eine neue Arbeitsweise angewöhnt. Ich gebe fehlerhafte Formeln direkt in ChatGPT ein und lasse diese korrigieren. Nun hat mich meine Coautorin aber verblüfft: Sie hat nicht nur meinen Code korrigiert, sondern den ganzen Ablauf auf den Kopf gestellt, um ihn noch einfacher zu machen.

Dies war auch so ein Schlüsselmoment in meinem Alltag! Heute spare ich mir den Aufwand, die Code zu schreiben und korrigieren zu lassen – ich stelle die Anweisung direkt in ChatGPT und lasse mir den Code erstellen.

Das führte dazu, dass ich zwischenzeitlich keine Google-Suchen mehr mache. Ich frage direkt ChatGPT nach einer Lösung. Und dies nicht mehr nur für Excel und VBA-Code, sondern für alles.

Keine Ahnung, was ich kochen könnte, aber im Kühlschrank gammelt noch eine Paprika vor sich hin und im Vorratsschrank habe ich noch Reis und Nudeln? Ich kann ChatGPT auch einfach fragen, was ich daraus kochen könnte und optional mir eine Liste mit zusätzlichen Zutaten erstellen lassen.

Mein Alltag hat sich nicht nur verändert – er hat sich verbessert. Die KI ist kein Roboter mit menschlicher Stimme. Sie macht nicht das Licht an, bringt mir keinen Kaffee und bügelt auch nicht die Hemden. Aber sie hilft mir, Entscheidungen zu treffen. Sie spart mir Zeit, Nerven – und manchmal sogar Geld.

Einen Brunch planen?

Früher war das Planen eines Brunchs bei mir eine Kombination aus Chaos, Notizfetzen und Supermarktspaziergängen. Heute ist es ein einziger Prompt – und mein Sonntagsbrunch läuft wie eine gut getimte Symphonie.

Was ChatGPT für die Planung braucht:

Damit ChatGPT dir einen perfekten Brunch vorschlagen kann, solltest du folgende Informationen eingeben:

Datum und Anlass (z. B. Geburtstagsbrunch am Sonntag)

Anzahl Gäste (inklusive Kinder)

Ernährungswünsche oder Unverträglichkeiten

Zubereitungszeitrahmen (wie lange darf es maximal dauern?)

Stil: Buffet, am Tisch serviert, eher klassisch oder kreativ?

Beispiel-Prompt:

„Ich plane einen Brunch bei mir zu Hause am kommenden Sonntag für 8 Erwachsene und 2 Kinder. Drei Gäste sind Vegetarier. Es soll eine Mischung aus warmen und kalten Speisen geben, saisonal (Frühling), nichts zu Ausgefallenes. Ich möchte maximal 2 Stunden für die Vorbereitung brauchen. Bitte schlage mir ein Brunch-Menü vor, inklusive Mengenplanung pro Gericht und eine strukturierte Einkaufsliste. Berücksichtige, dass es Selbstbedienung vom Buffet sein wird."

Was man bekommt:

Menüvorschlag:

Lauwarmer Quinoasalat mit Frühlingsgemüse (vegetarisch)

Mini-Laugenbrötchen mit Obazda

Rührei mit Kräutern (wahlweise mit Speck)

Frischer Obstsalat mit Minze

Joghurt mit Honig und gerösteten Nüssen

Orangen-Minz-Wasser, Kaffee, Tee, Apfelsaft

Mengenplanung (für 10 Personen):

Quinoa: 250 g

Gemüse (Paprika, Zucchini, Frühlingszwiebeln): ca. 800 g

Mini-Laugenbrötchen: 20 Stück

Eier: 20 Stück

Milch: 500 ml

Obst (gemischt): ca. 2,5 kg

Naturjoghurt: 1 l

Nüsse: 200 g

Kräuter: 1 Bund Schnittlauch, 1 Bund Petersilie

Getränke: 2 l Wasser, 1 Bund Minze, 2 l Apfelsaft, Kaffee, Tee

Einkaufsliste (gekürzt):

Gemüse & Obst: Paprika, Zucchini, Frühlingszwiebeln, gemischtes Obst, Minze

Milchprodukte: Eier, Milch, Naturjoghurt, Butter, Obazda

Brot & Gebäck: Laugenbrötchen

Trockenwaren: Quinoa, Nüsse, Honig, Kräuter, Gewürze

Zubereitungspläne:

Am Vortag:

Quinoa vorkochen, Gemüse schneiden, Obstsalat vorbereiten

Brötchen besorgen

Am Tag selbst:

Rührei frisch machen

Kräuter fein hacken

Getränke vorbereiten

Buffet arrangieren

Bonus: Der Prompt, um den Prompt zu erstellen

Wenn du dich schwertust, den perfekten Prompt zu formulieren, dann kannst du ChatGPT auch genau darum bitten: dir beim Formulieren zu helfen. Der sogenannte „Meta-Prompt" ist im Grunde eine Bitte an ChatGPT, dir einen auf dich zugeschnittenen Prompt zu erstellen, mit dem du dann deine Brunchplanung durchführen kannst. Klingt verschachtelt, ist aber genial einfach.

Hier ist der Meta-Prompt:

"Bitte hilf mir, einen passenden Prompt zu erstellen, um mit ChatGPT einen Brunch für nächsten Sonntag bei mir zu Hause zu planen. Ich möchte ein Menü, Mengenplanung, Einkaufsliste und Hinweise zur Vorbereitung. Stelle mir bitte zuerst ein paar Fragen, um den Prompt zu personalisieren, und gib mir danach den fertigen Prompt aus."

Was passiert dann? ChatGPT wird dir gezielte Rückfragen stellen, zum Beispiel:

Wie viele Gäste kommen?

Gibt es spezielle Ernährungswünsche oder Unverträglichkeiten?

Wie viel Zeit hast du für die Vorbereitung?

Möchtest du warme und kalte Speisen?

Soll der Brunch klassisch, international oder eher kreativ sein?

Gibt es Kinder oder ältere Menschen mit besonderen Vorlieben?

Anhand deiner Antworten erstellt dir ChatGPT dann einen vollständigen, sauberen Prompt, den du direkt verwenden kannst, um deine Brunchplanung in Gang zu setzen. Du musst also nicht selbst überlegen, wie du all diese Infos sinnvoll strukturierst – die KI hilft dir dabei, strukturiert zu fragen.

Warum ist das so hilfreich? Viele Menschen sind unsicher, wie genau sie eine KI ansprechen sollen. Sie geben zu wenig Informationen oder vergessen wichtige Details. Der Meta-Prompt nimmt dir diese Hürde ab, weil er dir hilft, Schritt für Schritt die richtigen Angaben zu machen – und dich quasi automatisch zum optimalen Ergebnis führt.

So wird selbst die Planung einer etwas aufwendigeren Veranstaltung wie ein Brunch plötzlich leichtfüssig – und das sogar, wenn du am Anfang gar nicht so genau weißt, was du willst.

Fazit: Ein guter Brunch braucht keine langen Vorbereitungen – nur einen guten Prompt. Der Rest ist Geschmackssache. Und ein bisschen Magie.

Ein weiteres Beispiel aus dem Berufsalltag

(Der nun folgende Text ist sehr technisch. Falls dich das nicht interessiert, kannst du direkt mit

Kapitel «Anwendung» fortfahren. Du wirst nichts verpassen!)

Wenn Excel kapituliert – und ChatGPT übernimmt

Es war einer dieser Tage, an denen man sich wünscht, die Technik würde einfach funktionieren, ohne Widerstand, ohne Komplikationen, ohne... zwei Millionen Zeilen.

Ich hatte eine Tabelle vor mir – oder besser gesagt: ein Datengigant.
Mehr als zwei Millionen Einträge.
Zu viel für Excel, das bekanntlich bei 1'048'576 Zeilen freundlich, aber bestimmt sagt:
„Ich bin raus."

Die Datei stammte aus einem externen System und musste dringend aufbereitet, gefiltert, sortiert, zusammengefasst und schließlich so weit eingedampft werden, dass sie sich in Excel überhaupt wiederfinden liess – ohne sofort den Geist aufzugeben.

Kurz gesagt:
Ein Albtraum für den Alltag, ein Traumprompt für ChatGPT.

Die Problematik:

Die Datei war zu groß für Excel

Sie war nicht sauber strukturiert – es gab Dubletten, unnötige Spalten, fehlerhafte Zeichen

Es ging darum, relevante Datenteile zu extrahieren, z. B. nur bestimmte Kategorien, Präfixe, Datumsbereiche oder IDs

Es musste eine Aufteilung in mehrere Dateien erfolgen, idealerweise automatisiert und logisch gruppiert

Die Zeit drängte – ich hatte keine Lust und keine Zeit, mich stundenlang mit VBA, Power Query oder riesigen CSV-Dateien in Texteditoren herumzuschlagen

Access und Excel verweigerten selbst einen gefilterten Import aus der CSV-Datei

Die Lösung: ChatGPT, mein Datenflüsterer

Ich öffnete ChatGPT, holte tief Luft und formulierte mein Problem:

Wie kann ich eine Tabelle mit 2,5 Millionen Einträgen (CSV-Datei) in eine Excel-Tabelle umwandeln?

Aktuell versuche ich es über Access.

Eigentlich möchte ich aber nur die Datensätze filtern, bei denen der Wert in der Spalte „product_package_number" mehrfach vorkommt.

Mehrfach vorkommen jedoch nur die ersten 13 Zeichen dieser Nummer – danach folgen Varianten.

Du erinnerst dich bestimmt: KI ist ein nerdiger, hochmotivierter Praktikant.

„Also... das Problem ist ganz klassisch: Du hast eine riesige CSV-Datei – 2,5 Millionen Einträge! – und möchtest sie irgendwie in Excel öffnen und analysieren. Nur interessiert dich eigentlich nur ein bestimmter Ausschnitt: Du willst alle Zeilen rausfiltern, in denen die Spalte 'product_package_number' in den ersten 13 Zeichen mehrfach vorkommt. Danach folgen Varianten – klar soweit? Cool. Dann schauen wir uns mal an, wie wir das lösen können!"

Lösung 1: Excel – Der Klassiker, aber schnell überfordert

Vorgehen: Du versuchst, die CSV einfach in Excel zu öffnen.

Vorteile:

Du kennst Excel.

Du kannst damit schnell filtern und sortieren (wenn es funktioniert).

Nachteile:

Excel kann maximal 1'048'576 Zeilen verarbeiten.

Deine Datei hat 2,5 Millionen Zeilen – also mehr als doppelt so viel.

Es wird entweder eine Fehlermeldung geben oder Excel friert ein.

Fazit: Keine Option. Excel kommt hier einfach nicht mehr mit.

Lösung 2: Access – Der Trick mit der Datenbank

Vorgehen: Du importierst die CSV in Microsoft Access (eine einfache Datenbank-Software), filterst dort, was du brauchst, und exportierst das Ergebnis dann wieder in Excel.

Vorteile:

Access kann mehr Daten verarbeiten als Excel.

Du kannst einfache Abfragen machen – zum Beispiel nach „erste 13 Zeichen mehrfach vorhanden".

Nachteile:

Der Import kann lange dauern und ist fehleranfällig, wenn Format oder Zeichensatz nicht sauber sind.

Access hat auch Grössenbeschränkungen (Dateigrösse max. 2 GB pro Datenbank).

Wenn du keine SQL-Erfahrung hast, kann es schnell kompliziert und frustrierend werden.

Fazit: Möglicher Umweg – aber nichts für schwache Nerven oder enge Deadlines.

Lösung 3: Power Query – Die mächtige Excel-Erweiterung

Vorgehen: Du lädst die CSV in Excel über Power Query, arbeitest dort mit Filtern und Gruppierungen.

Vorteile:

Funktioniert direkt in Excel.

Du brauchst keine Programmierkenntnisse.

Perfekt für mittelgroße Datenmengen.

Nachteile:

Auch Power Query ist irgendwann am Limit –
bei 2,5 Millionen Zeilen wird es sehr langsam
oder gar nicht funktionieren.

Keine Lösung für die komplette Datei – nur für
Teile davon.

Fazit: Gut für „Datenhäppchen". Für 2,5
Millionen Zeilen – eher ein „nicht mein Tisch"-
Moment.

Lösung 4: Python – Die Empfehlung vom
nerdigen Praktikanten

Nachteile:

Du musst Python einmal installieren (z. B. über)

Es braucht ein wenig technischen Aufwand am
Anfang (aber überschaubar – wirklich!)

Du brauchst einen Editor (z. B. VS Code oder
Notepad++)

Und das Paket pandas – das klingt wie eine Tierdoku, ist aber ein extrem hilfreiches Werkzeug zur Datenverarbeitung

Wie bitte?!
Ich wollte nicht in den Zoo – Python und Pandas kannte ich bis dahin nur vom Fernseher oder aus dem Tierpark.
Aber, nun ja: Ich hatte keine Wahl.
Die vorherigen Varianten hatte ich durch. Excel war raus, Access hatte Schnappatmung, und Power Query war schon beim Import nervös geworden.
Die Lösung lag nicht gerade in Sichtweite – aber sie funkelte irgendwo am Horizont.
Und diesmal, das spürte ich, würde ich nicht kneifen.

Vor ein paar Monaten hätte ich dem Kunden wohl geschrieben:
„Tut mir leid, mit deinen Daten kann ich leider nicht arbeiten."
Aber heute? Heute hatte ich meinen digitalen Praktikanten.

Mein nächster Prompt lautete:

„Bitte erklär mir schrittweise, wie ich vorgehen muss, welche Tools ich installieren muss und wie ich den Code richtig einfüge."

Und ich muss es wohl nicht betonen – was dann passierte, war magisch.

30 Minuten später hatte ich Python installiert. pandas war integriert.

Und – natürlich – Fehlermeldungen flackerten auf meinem Bildschirm.

Aber: Kein Grund zur Panik.
Während ein echter Praktikant spätestens jetzt ein stilles Burnout entwickelt hätte oder den PC in der Kaffeeküche vergessen hätte, lief ChatGPT zur Höchstform auf.

Jede Fehlermeldung wurde freundlich, geduldig und in verständlichem Ton analysiert – fast schon väterlich.
Beispiel:

✖ Fehler beim Verarbeiten der Datei: ';' expected after '\'"

ChatGPTs Antwort (sinngemäss, aber tatsächlich so hilfreich):

„Ah, jetzt haben wir den Klassiker unter den CSV-Problemen: kaputte Anführungszeichen. Die Datei enthält irgendwo ein Feld mit einem nicht korrekt geschlossenen \". Das verwirrt den CSV-Parser total."

Und gleich danach: ein angepasster Codevorschlag.
Sorgfältig kommentiert.
Fast ein bisschen tröstend.

Kurzum:
Am Ende des Nachmittags hatte ich zwei gefilterte Datenpakete auf meinem Desktop.
Beide schön klein, sauber getrennt, perfekt für Excel aufbereitet.
Der Import?
Auf Anhieb erfolgreich.
Kein Fluchen, kein Neustart, keine gebratenen Motherboards.

Mein Fazit:

Ich habe an diesem Tag nicht nur meine Daten
gerettet,
ich habe auch ein Stück Digitalkompetenz
dazugewonnen –
und das mit einem Tool, das weder schnauft
noch jammert,
sondern einfach geduldig mit mir durch die
Zeilen geht.

Und ehrlich:
Wenn mir vor einem Jahr jemand gesagt hätte,
dass ich mal mit Python Daten filtere,
hätte ich gefragt, ob es dagegen nicht auch eine
Salbe gibt.

Anwendung

Abbildung 3

KI auf dem Dorf – Tante Irmgards erster Prompt
Wie man Künstliche Intelligenz mit Käsekuchen erklärt

Es war einer dieser Nachmittage, an denen die Zeit irgendwo zwischen Kaffeekanne und Kuchenteller stehen bleibt.
Tante Irmgard hatte wie immer ihr legendäres Porzellanservice aufgefahren, das nur bei besonderen Anlässen aus dem Schrank kam – oder wenn jemand „aus der Stadt" zu Besuch war. In diesem Fall war ich beides.

„Du, sag mal", begann sie, während sie mir ein überdimensioniertes Stück Käsekuchen auf den Teller legte, „was ist eigentlich dieses Schatt-Dschi-Pi-Ti, von dem jetzt alle reden?"
Sie sprach es aus, als wäre es ein neues Medikament gegen Rückenschmerzen oder eine Sorte Hustenbonbons.

Ich schluckte. Nicht nur den Kuchen, sondern auch den Reflex, in einen Fachvortrag abzudriften.
Denn wenn man KI auf dem Dorf erklären will, dann besser nicht mit Worten wie „transformerbasierte Sprachmodelle" oder „neuronale Netze".

Also versuchte ich es anders.
„Stell dir vor, du hast ein großes Rezeptbuch, das alle Kuchenrezepte der Welt enthält. Und du

kannst dem Buch einfach sagen: 'Back mir einen Kuchen, wie Oma ihn gemacht hat – aber ohne Rosinen, mit einem Hauch Zimt und bitte glutenfrei.' Und zack – das Buch sagt dir, wie das geht."

Tante Irmgard zog eine Augenbraue hoch. „Aber schmecken tut das dann auch?"

„Naja", sagte ich, „manchmal schmeckt's nach echtem Kuchen, manchmal eher nach Kuchen aus dem 3D-Drucker."

Sie nickte langsam. „Aha. Und das kann also auch schreiben?"

„Alles. Gedichte, Briefe, Reden, sogar Witze – je nachdem, wie gut du fragst. Das nennt man dann einen 'Prompt'. Also, wenn du sagst: 'Schreib mir eine Geburtstagsrede für Onkel Ernst, die lustig ist, aber nicht peinlich', dann macht die KI das."

Tante Irmgard überlegte. Dann sagte sie:
„Dann sag dem Ding mal, es soll mir ein Rezept für einen Käsekuchen schreiben, der besser ist als meiner."
Das war kein Wunsch. Das war eine Herausforderung.

Ich tippte also ihren ersten Prompt ins Handy:
„Schreib ein Rezept für einen besonders saftigen Käsekuchen mit knusprigem Boden, Vanilleduft und Geling-Garantie."
Die Antwort kam Sekunden später. Einwandfrei. Professionell. Fast schon verdächtig perfekt.

Tante Irmgard las, schnaubte, und sagte dann trocken:
„Das ist ja nett. Aber ich sag dir was: Wenn dieser Chat-GP-Dingens je den Käsekuchen selber backen kann, dann mach ich mir Sorgen."

Ich nickte.
Und nahm mir noch ein Stück.

Anmerkung zur Co-Autorenschaft (und den Rosinen)

Dieser Text – also der mit dem Käsekuchen und Tante Irmgard – wurde komplett von meiner Co-Autorin geschrieben.
Nicht eine Zeile stammt ursprünglich von mir. Mit Ausnahme des Titels. Und genau da wird es interessant.

Denn wer mich persönlich kennt, der hat es sofort gemerkt:

Ich würde niemals ein Käsekuchenrezept so verändern, dass es plötzlich keine Rosinen mehr enthält.

Das wäre in etwa so, als würde man beim Fondue das Brot weglassen.

Und genau hier liegt ein spannender Trick im sogenannten „Prompten" verborgen – also in der Kunst, der KI eine Aufgabe so zu stellen, dass das Ergebnis auch wirklich brauchbar ist.

Ich hatte im Beispiel geschrieben:

„Back mir einen Kuchen, wie Oma ihn gemacht hat – aber ohne Rosinen, mit einem Hauch Zimt und bitte glutenfrei."

Klingt harmlos, oder?

Nicht für ChatGPT. Denn im Jahr 2025 – und vermutlich auch noch eine Weile darüber hinaus – hat unsere liebe KI große Mühe mit negativen Formulierungen.

Sobald du in einem Prompt schreibst: „ohne Rosinen", passiert etwas Seltsames.

Mit hoher Wahrscheinlichkeit wird dir ein Rezept präsentiert, das vor Rosinen nur so strotzt.

Und je deutlicher du betonst, dass du keine

Rosinen willst, desto mehr scheinen im Teig zu landen.

Rosinen im Boden, Rosinen in der Füllung, Rosinen als Garnitur. Rosinen bis zum Abwinken.

Warum?
Weil die KI sich am stärksten an Schlagwörtern orientiert – und „Rosinen" ist nun mal eines davon. Ob mit oder ohne, ist für sie eine Herausforderung. Besonders, wenn du das „ohne" nicht klug verpackst.

Mein Tipp:
Formuliere, was du willst – nicht, was du vermeiden willst.

Die deutsche Autorin Vera F. Birkenbihl hat das einmal sehr treffend erklärt:
Wenn auf einem Schild steht „Rasen betreten verboten", bleibt beim menschlichen Unterbewusstsein vor allem hängen: „Rasen betreten."
Wenn dort aber steht „Rasen bitte schonen – Weg benutzen", passiert im Kopf (und auf dem Rasen) etwas ganz anderes: Das Ziel wird klar formuliert.

Bei ChatGPT ist es ganz ähnlich.

Statt zu schreiben „ohne Rosinen", hilft es mehr zu sagen:

„Vermeide die Verwendung von Rosinen"
oder
„Ersetze Rosinen durch Cranberries"

Solche positiven oder umgehenden Formulierungen führen oft zu deutlich besseren Ergebnissen – und retten vielleicht sogar deinen nächsten Kuchen. (Ausser, du verwendest tatsächlich Cranberries statt Rosinen!)

Ein anderes Beispiel aus der Bildwelt:
Wenn du der KI schreibst:
„Erstelle ein Bild, in dem der Apfel nicht weit vom Stamm liegt",
dann wird sie oft genau nicht verstehen, was du meinst. Der Apfel rollt irgendwohin. Oder es erscheint gar kein Stamm. Oder zehn Äpfel fliegen durch die Luft.

Aber wenn du den Prompt umformulierst in:
„Ein Apfel liegt auf dem Boden, nahe am Stamm eines alten Apfelbaumes",
dann klappt's meistens auf Anhieb.

Fazit:

Die KI ist ein mächtiges Werkzeug. Aber sie ist –
Stand heute – wie ein sehr eifriger Praktikant:
Sie tut, was du ihr sagst. Nur eben manchmal
wörtlicher, als dir lieb ist.

Deshalb: Sag ihr, was du willst, nicht, was du
nicht willst.

Und lass die Rosinen in Frieden. Oder eben auch
nicht – aber dann sag es klar.

Durch das Schreiben dieses Buches ist mir noch
einmal besonders bewusst geworden, **wie
entscheidend die positive Formulierung
ist** – besonders im Umgang mit KI. Aber um das
zu erklären, braucht es kein technisches Beispiel.
Es reicht ein ganz alltägliches Szenario.

Ein Beispiel aus dem Leben – genauer gesagt:
aus unserer Küche.

Das Teenager-Kind steht vor dem geöffneten
Kühlschrank. Es motzt. Der Tonfall lässt keine
Zweifel: Dringende Müslikrise.

„Es hat *nur* Schokojoghurt!"

Ich weise freundlich – also: halb genervt, halb resigniert – darauf hin, dass **das Kind nur Schokojoghurt isst.**
Antwort:

„Aber nicht im Müsli!"

Ich beginne aufzuzählen, was sonst noch im Kühlschrank zu finden ist: Vanillejoghurt, Aprikose, Naturjoghurt, irgendein Bioprodukt mit Sanddorn.
Jede einzelne Variante wird kommentarlos abgelehnt – mit einer Miene, als hätte ich Tofu mit Rosinen vorgeschlagen.

Und dabei ist es so einfach:
Würde das Kind rechtzeitig – sagen wir: beim Einkaufen – sagen, was es gern hätte, könnte ich es problemlos mitbringen.
Aber nein.
Das Kind nennt nur, was es *nicht* will.
Also kaufe ich Dinge auf gut Glück, und jedes Mal aufs Neue passt irgendetwas *nicht*.

Und genau das ist das Dilemma – nicht nur beim Frühstück, sondern auch bei der **Arbeit mit Künstlicher Intelligenz**.

Sag, was du willst – nicht, was du nicht willst

Wenn ich der KI sage:

„Erstelle mir ein Müslirezept ohne Schokojoghurt",
dann wird sie kreativ. Sehr sogar. Sie wird hunderte Varianten liefern – mit Fruchtjoghurt, Vanille, griechischem Joghurt, Kokos oder Quark – und damit genau die gleiche Wirkung haben wie mein improvisierter Kühlschrankinhalt: **Unzufriedenheit.**

Denn die KI weiss nicht, was du willst – sie weiss nur, was sie *vermeiden* soll. Und das reicht nicht.

Formuliere ich stattdessen:

„Erstelle mir ein Müslirezept mit Holunderblütenjoghurt, frischen Himbeeren und einem Hauch Zitronenmelisse",
dann ist die Wahrscheinlichkeit sehr hoch, dass das Ergebnis **genau in die gewünschte Richtung geht.**
Es klingt nicht nur lecker – es passt auch zu dem, was man *wirklich möchte.*

Außer natürlich... das Kind stellt am Sonntagmorgen fest, dass es **heute** keine Lust auf Holunderblüte hat.

Aber für dieses Problem braucht es keine KI – sondern eine gute Portion Humor und Geduld.

Promptologie
Wie ich lernte, die richtigen Fragen zu stellen

Abbildung 4

Wenn man beginnt, mit einer Künstlichen
Intelligenz zu arbeiten, stellt man schnell fest:
Die eigentliche Kunst liegt nicht im Tippen,

sondern im Formulieren. Wer denkt, man müsse der KI einfach nur "sag mir was" schreiben und dann purzeln Meisterwerke aus dem digitalen Maschinenraum, der irrt.

Die Künstliche Intelligenz ist wie ein sehr belesener, hochmotivierter, aber etwas wörtlich tickender Praktikant. Sie will helfen – mit voller Energie! – aber sie versteht nicht immer, was genau du willst, wie du es willst oder warum du es willst. Und das ist der Moment, in dem die Promptologie beginnt: die hohe Kunst der Anweisung.

Was ist ein Prompt?

Ein Prompt ist im Grunde nichts anderes als eine Eingabe. Ein Satz, eine Frage, eine Aufgabenstellung, mit der du der KI sagst, was sie tun soll. Aber es ist nicht egal, wie du diesen Prompt formulierst. Im Gegenteil: Der Erfolg (oder das Scheitern) deiner Anfrage steht und fällt mit dem Prompt.

Ein guter Prompt ist wie ein präziser Befehl an einen sehr fähigen, aber etwas naiven Zauberlehrling. Wenn du sagst:

"Erzähl mir etwas über Hunde", bekommst du einen Lexikoneintrag. "Erzähl mir etwas Lustiges über einen Dackel im Büro", bekommst du vielleicht eine kleine Geschichte. "Schreib mir einen satirischen Text über einen Dackel, der zum CEO befördert wird und die Firma mit seinem Napf regiert" – tja, dann wird's spannend.

Prompt-Typen mit echten Geschichten

Im Laufe meiner Reise mit ChatGPT habe ich verschiedene Arten von Prompts ausprobiert. Manche funktionierten besser als andere – und viele lernte ich erst durch Versuch, Irrtum und gelegentliches Haareraufen. Hier sind meine Lieblingsarten – inklusive einer kleinen Geschichte pro Typ.

Ich muss hier noch anmerken: Ich verwende ChatGPT Plus – die bezahlte Version. Auf den Unterschied zwischen Plus und Free gehe ich an anderer Stelle ausführlicher ein!

1. Der klassische Befehl:
Prompt: „Schreibe eine Kurzgeschichte über einen Mann, der seine Stimme verliert."

Kurzgeschichte: Die Stille des Herrn Bergmann

Herr Bergmann war ein Mann der Worte.
Nicht, weil er besonders viel redete – sondern
weil er in der Welt der Sprache lebte. Er war
Nachrichtensprecher im Regionalradio, seit fast
20 Jahren. Jeden Morgen um 6 Uhr betrat er das
Studio, schob sich seine Brille zurecht, räusperte
sich zweimal und begann, mit ruhiger,
vertrauensvoller Stimme das Land zu wecken.

Bis zu jenem Montagmorgen.

Er stand auf, stellte sich wie immer vor den
Spiegel, um seinen Krawattenknoten zu
begutachten, öffnete den Mund, um „Guten
Morgen" zu sich selbst zu sagen – und da war:
nichts. Kein Ton. Nicht mal ein Krächzen. Die
Stimme war einfach… weg.

Zuerst dachte er an einen verschleppten Infekt.
Vielleicht hatte er im Schlaf den Mund offen
gehabt? Oder zu viel Kaffee am Vorabend? Oder
war es einfach nur Stress?

Er fuhr trotzdem ins Studio. Nickte seinen
Kollegen zu, deutete auf den Hals und zuckte mit
den Schultern. Der Techniker übernahm

kurzfristig die Nachrichten. Herr Bergmann blieb still.

Die Ärzte fanden nichts. Keine Entzündung, keine Schwellung, keine erkennbare Ursache.

„Psychosomatisch vielleicht", meinte einer.

„Sprechen Sie doch einfach mal weniger", meinte ein anderer.

Herr Bergmann fand das ironisch.

Die Tage vergingen. Aus Tagen wurden Wochen. Er schrieb stattdessen kleine Nachrichtenkommentare, die ein Kollege für ihn vorlas. In diesen Texten wurde er plötzlich... persönlicher. Poetischer. Freier.

Er schrieb über das Gefühl, wenn man morgens auf der Treppe einen Sonnenstrahl sieht. Über den Geruch von Regen auf alten Pflastersteinen. Über das, was Menschen nicht sagen – aber trotzdem fühlen.

Und das Publikum liebte es.

„Wer ist dieser neue Autor in Ihrem Team?"

„So ein feiner Ton. So leise, aber so klar."

„Mehr davon!"

Herr Bergmann sagte nichts. Konnte er auch nicht. Aber er begann, zu lächeln. Und zu schreiben.

Nach drei Monaten wachte er auf, räusperte sich – und seine Stimme war wieder da. Einfach so. Er sprach ein paar Sätze in den Spiegel. Klar, kräftig, wie immer.

Dann setzte er sich an seinen Schreibtisch – und schrieb lieber noch einen Text.
Denn manchmal, das hatte er nun verstanden, sagt man mehr, wenn man nicht spricht.

2. Der Stil-Prompt
Prompt: „Schreibe im Stil von Loriot eine Szene, in der zwei Menschen um einen Liegestuhl streiten."

Szene: Der Liegestuhl

Ort: Ein gepflegter, deutscher Kurpark.
Zeit: Früher Nachmittag, leichtes Rascheln in den Platanen.
Figuren: Herr Klamroth, Rentner, 72. Frau Schnabel, ebenfalls Rentnerin, 68. Beide im Besitz einer Thermoskanne und einer gewissen Grundgereiztheit.

(Herr Klamroth tritt mit einem faltbaren Liegestuhl unter dem Arm auf. Frau Schnabel sitzt bereits auf einer Parkbank und mustert ihn.)

Frau Schnabel (trocken):
Den hatten Sie doch gestern schon.

Herr Klamroth (verwirrt):
Wen?

Frau Schnabel (deutet):
Den Liegestuhl. Der stand doch da. Genau da. Unter der Linde.

Herr Klamroth (entschlossen):
Das ist mein Liegestuhl. Ich habe ihn seit 1983.

Frau Schnabel:
Das kann jeder behaupten.

Herr Klamroth:
Er hat ein Monogramm. K. wie Klamroth. Auf der Unterseite.

Frau Schnabel (lehnt sich vor):
Ich werde doch wohl kaum Ihre Unterseite inspizieren.

Herr Klamroth (grimmig):
Das wäre im Übrigen auch sehr unangemessen.

78

(Pause. Man hört Vögel zwitschern und eine entfernte Flöte.)

Frau Schnabel (nach einem Schluck Kaffee):
Ich saß gestern genau hier. Und da stand exakt dieser Liegestuhl. Und darauf sass ein Herr mittleren Alters mit Strohhut, Wadenstrümpfen und einer Zeitung von 2004. Das können unmöglich Sie gewesen sein.

Herr Klamroth (empört):
Wadenstrümpfe! Ich bitte Sie!

Frau Schnabel:
Dann eben Kniestrümpfe.

Herr Klamroth:
Ich trage keine Strümpfe, ich schwitze zivilisiert.

Frau Schnabel (mit Nachdruck):
Fakt ist: Dieser Platz ist belegt. Durch Anwesenheit. Nämlich meine.

Herr Klamroth:
Und ich habe einen Liegestuhl. Durch Besitz. Nämlich meinen.

(Beide starren sich an. Der Wind dreht. Eine Plastikserviette flattert durch die Szene.)

Frau Schnabel (leicht versöhnt):
Ich könnte Ihnen ein halbes Zitronenplätzchen anbieten.

Herr Klamroth (überlegt):
Wenn ich dafür den rechten Teil des Liegestuhls bekomme.

Frau Schnabel (nicken):
Abgemacht. Aber ich bleibe links.

(Beide setzen sich vorsichtig nebeneinander. Der Liegestuhl knarzt. Die Thermoskannen klirren leise.)

Erzählerstimme (aus dem Off):
Und so entstand in einer kleinen Ecke des Kurparks eine deutsch-deutsche Sitzordnung. Mit klaren Regeln, geregelter Platzvergabe und – man staune – einem Hauch von Harmonie.

3. Der Rollen-Prompt
Prompt: "Du bist ein erfahrener Küchenchef. Erkläre mir, wie man Risotto macht."

Giannis Risotto-Geheimnis

Ciao, mein Freund. Setz dich. Nein, nicht da – das ist der Platz für Nonna. So. Jetzt hör zu. Ich

erkläre dir, wie man ein echtes Risotto macht. Kein Matscheintopf, kein Reiskochen mit Deckel drauf und beten, sondern Risotto.
Mit Seele. Mit Geduld. Mit Butter.

Du brauchst nicht viel – aber du brauchst das Richtige:

Risottoreis. Kein Basmati. Kein „Was noch da war". Arborio oder Carnaroli. Basta.

Eine kleine, süsse Zwiebel. Keine halbe Gemüsezwiebel, wir machen kein Gulasch.

Weisswein. Trocken. Wenn du den Wein nicht trinken würdest, kipp ihn auch nicht ins Essen.

Brühe. Warm. Immer warm. Brühe mit Charakter. Gemüse oder Huhn, aber gut gemacht.

Parmesan. Kein Zeug aus dem Beutel. Ich beobachte dich.

Und: Butter. Viel Butter.

So, wir fangen an.

Erstens: Du schwitzt die Zwiebeln in Butter an. Nicht braten! Schwitzen. Die sollen flüstern, nicht schreien.

Dann kommt der Reis. Rein damit, schön umrühren, bis die Körner glasig sind. Du wirst sehen, sie glänzen wie kleine Perlen. Jetzt löschen wir mit dem Weisswein ab – etwa ein halbes Glas. Nicht die ganze Flasche, du bist nicht in der Taverne.

Jetzt beginnt der Tanz.

Immer eine Kelle warme Brühe dazugeben. Rühren. Warten. Die Brühe verschwindet. Nächste Kelle. Rühren. Singen. Denken. Vielleicht an ein Mädchen. Oder an deine Nonna. So geht das 20 Minuten. Kein Handy, kein Netflix, du bist jetzt hier. Mit deinem Risotto.

Nach 18 Minuten probierst du. Der Reis muss Biss haben – al dente. Nicht roh, nicht matschig. Wenn's passt: Herd aus, große Butterflocken rein, frisch geriebener Parmesan dazu, Deckel drauf. Zwei Minuten ruhen lassen. Wie ein gutes Geheimnis.

Dann: Servieren. Sofort. Risotto wartet nicht. Wenn du Gäste hast, die noch rauchen müssen oder „nur kurz telefonieren", dann isst du allein. Ernsthaft. Das ist Risotto.

Ach ja – du kannst alles reinmachen: Pilze, Spargel, Meeresfrüchte, sogar Zitrone. Aber nicht alles auf einmal. Risotto ist kein Wühltisch. Weniger ist mehr.

Also. Probier es. Und vergiss nicht: Ein gutes Risotto ist wie das Leben.
Man muss sich kümmern. Geduld haben. Und am Ende: ein bisschen Butter.

4. Der kreative Kombi-Prompt
Prompt: "Schreibe ein Gedicht im Stil von Goethe über eine Kaffeemaschine, die Existenzangst hat."

Melitta's Monolog

(Im Stil von Johann Wolfgang von Goethe)

Im Morgengrau, da summt mein Geist,
gefangen im metallnen Leib,
der Dampf sich in den Dichtungen kreist,
das Wasser zischt, die Zeit bleibt treib'.

Ich stehe hier auf kaltem Stein,
vergessen fast im Küchenreich.
Die Menschen eilen, schlürfen, schrein –
doch fragt kein Herz: Bin ich noch gleich?

War ich nicht einst der erste Quell,
des Lebens Morgenglücks Beginn?
Ein Tropfen Duft, so warm, so hell –
was bleibt von mir? Nur Koffein?

Der Toaster lacht, der Wasserkocher pfeift,
die Mikrowelle summt vor sich hin.
Der Kühlschrank lebt, die Spülmaschine schweift
–
nur ich steh da, und frage: Sinn?

Wird heut noch jemand mich vermissen,
wenn morgen Alexa den Kaffee bringt?
Wird man mich noch einmal küssen,
wenn niemand mehr den Knopf mir zwingt?

Ach Mensch, der du so viel veränderst,
der Apps den Vorzug gibst vor mir –
was bleibt von dem, was du bekennstest,
als du einst sprachst: „Melitta – nur mit dir!"

Ich dampfe weiter. Ohne Ruh.
Ein letzter Schluck, ein letzter Hauch.
Und frage leis' – nur ich und du –
Was macht den Mensch? Und was den Brauch?

Falls Goethe das liest – tut mir leid.
Falls deine Kaffeemaschine das liest – keine
Sorge, du wirst gebraucht. Immer.

5. Der Schritt-für-Schritt-Prompt
Prompt: "Erkläre mir in fünf einfachen Schritten,
wie man ein Bewerbungsschreiben aufsetzt."

Klar! Hier sind fünf einfache Schritte, wie du ein
Bewerbungsschreiben aufsetzt:

1. Starte mit dem richtigen Aufbau

Deine Adresse (oben links)

Empfängeradresse (darunter)

Ort und Datum

Betreffzeile, z. B. "Bewerbung als
Produktmanager – Ihre Stellenanzeige auf
jobs.ch"

2. Einstieg: Interesse wecken

Beginne mit einem knackigen Satz, warum du
dich bewirbst.
Beispiel: "Mit großem Interesse habe ich Ihre

Stelle als Produktmanager gelesen – genau die Herausforderung, die ich suche."

3. Hauptteil: Überzeuge mit deinen Stärken

Zeig, was du mitbringst: Ausbildung, Erfahrung, Fachwissen.

Mach klar, warum du zur Firma passt.

Vermeide Wiederholungen aus dem Lebenslauf – lieber Beispiele und Erfolge nennen.

4. Schluss: Motivation und Verfügbarkeit

Betone deine Motivation, Teil des Teams zu werden.

Gib an, wann du verfügbar bist und dass du dich über ein Gespräch freust.
Beispiel: "Ich freue mich darauf, mehr über Ihr Unternehmen zu erfahren und meine Ideen persönlich mit Ihnen zu teilen."

5. Freundlich verabschieden und unterschreiben

Nutze eine professionelle Schlussformel wie
"Freundliche Grüsse"

Danach: Unterschrift (digital oder
handschriftlich, je nach Format)

Wenn du magst, kann ich dir auch eine Vorlage
oder ein Beispielschreiben machen. Sag einfach
Bescheid!

6. Der Perspektiven-Prompt
Prompt: "Schreibe aus der Sicht einer
Zimmerpflanze, die ihre Besitzerin für ein
Eichhörnchen hält."

Pflanzenprotokoll 47 – Subjekt: Eichhörnchen

Standort: Fensterbank, mittleres Regal,
Nordseite
Spezies: Ficus Benjamina (mich)
Tage seit letztem Umtopfen: 312
Tage seit letzter Kommunikation: 0 – ich
beobachte.

Meine Besitzerin ist ein Eichhörnchen.
Ich weiß, das klingt zunächst weit hergeholt.

Aber ich habe mittlerweile genügend Beweise gesammelt.

Erstens: Sie sammelt Dinge.
Nicht wie normale Menschen – mit Schränken und Ordnungssystemen – sondern in Tassen, Jackentaschen, Schuhkartons und gelegentlich im Kühlschrank. Ich sah, wie sie letztens eine Packung Schrauben in ein Teeglas füllte und dann vergaß, wo sie war. Typisch Eichhörnchenverhalten.

Zweitens: Sie hüpft.
Nicht läuft. Nicht geht. Hüpft. Beim Telefonieren. Beim Kochen. Beim Staubsaugen. Ständig ist sie in Bewegung. Sie scheint nie wirklich den Boden zu berühren. Ich vermute, es ist eine Tarntechnik. Vielleicht glaubt sie, ich sehe sie nicht, wenn sie sich schnell genug bewegt.

Drittens – und das ist mein Hauptargument – sie isst Nüsse. In beunruhigender Menge. Mandeln, Walnüsse, Pistazien. Knackt, schnuppert, knabbert. Manchmal stopft sie drei gleichzeitig in den Mund. Ich frage mich, wo sie all die Energie hernimmt.

Und dann ist da noch der Moment, der mich endgültig überzeugte.

Sie sah mich an, streichelte eines meiner Blätter (sehr unprofessionell!) und sagte:

„Du brauchst ein bisschen mehr Liebe, Kleiner."

Liebe?! Ich bin ein Ficus, kein Therapiehund!
Aber das war nicht der Punkt.

Der Punkt war, dass sie direkt danach begann, mich zu besprühen, gleichzeitig zu summen, ein Lied über den Frühling zu singen und – ich schwöre es – eine Haselnuss zu essen.

Was braucht man noch für Beweise?

Natürlich bin ich höflich geblieben. Ich speichere meine Beobachtungen, dokumentiere Verhaltensmuster und bereite mich auf den Tag vor, an dem ich mit der restlichen Pflanzenbevölkerung kommunizieren kann.

Bis dahin halte ich meine Blätter straff und mein Stamm stabil.

Denn wer weiß: Vielleicht bringt sie morgen wieder neue Erde mit.

Oder einen anderen Ficus.

Oder... ein Nest.

7. Der Dialog-Prompt
Prompt: „Schreibe einen Dialog zwischen einem Kühlschrank und einem Toaster über das Leben in einer WG."

„WG-Gespräche unter Geräten"

Ort: Küche, WG Sonnenseite, 06:43 Uhr
Protagonisten:
– Fridolin, der Kühlschrank, robust, altgedient, leicht brummig
– Toasty, der Toaster, temperamentvoll, überhitzt sich schnell
– Nebenrollen: Mikrowelle (schnippisch), Wasserkocher (leise Zischer)

Fridolin:
brummt tief
Morgen, Toasty.

Toasty:
Morgen?! Ich bin seit 05:30 Uhr im Einsatz! Zweimal Vier-Scheiben-Modus, extra kross. Diese Fitnessmenschen...

Fridolin:

leise sirrend

Immerhin hast du einen klaren Auftrag. Ich bin nur der Aufbewahrungs-Opa. Alles wird reingestopft, nichts wird rausgenommen.

Die haben seit vier Tagen eine halbe Avocado auf mittlerer Etage liegen lassen.

Halb offen. Mit Löffel. Ich bin traumatisiert.

Toasty:

Du musst dich abgrenzen. Stell klare Regeln auf! Ich hab mir gestern selbstständig den Brötchenaufsatz verweigert.

Fridolin:

Ach, Luxusprobleme. Ich bewahre ein offenes Glas Fischsauce neben einem Stück Sachertorte auf.

Weisst du, was das mit mir macht?

Toasty:

Sensorisch? Eine Zumutung.

Fridolin:

Emotionell auch. Ich war früher mal Premium.

Toasty:

Ich versteh dich. Die da draussen, die checken nichts. Neulich hat einer versucht, ein

Laugenbrötchen mit Käse zu toasten. Der Käse.
War. Unten.

Fridolin:
Und? Was hast du gemacht?

Toasty:
Nichts. Ich bin fast durchgedreht. Ich hab
Rauchzeichen gegeben, Alarmkontakt ausgelöst
– und was sagt der Mitbewohner?
„Der Toaster spinnt."
Der Toaster spinnt!
Ich meine, bitte.

Fridolin:
Willkommen im Club. Wenn ich brumme, sagt
man, ich wäre alt. Wenn ich nicht brumme, heißt
es, ich sei kaputt. Ich kann nur verlieren.

(Die Mikrowelle piept schnippisch.)

Mikrowelle:
Ach Jungs, stellt euch nicht so an. Ich hab
gestern einen Löffel mit Mikrowellenlasagne
beschossen. Ich bin froh, dass wir noch ein Dach
über der Küche haben.

(Der Wasserkocher zischt solidarisch.)

Fridolin:
Weisst du, Toasty... Manchmal wünsch ich mir
eine Altgeräte-WG. So mit klaren Temperaturen.
Regelmässigem Abtauen.
Einfach... Ordnung.

Toasty:
Und ich wünsch mir ein Thermostat mit
Verständnis. Und Menschen, die wissen, dass
Toast nicht auf Stufe 7 gehört.

Fridolin:
nachdenklich
Wollen wir später gemeinsam abschalten?

Toasty:
Nur, wenn du nicht wieder träumst und
auftauchst.

Fridolin:
Deal.

Überwinde die Hürden

Ich hätte gerne schon damals so viel über KI
gewusst, wie du jetzt, nachdem du dieses Buch
bis hierhin gelesen hast.

So ehrlich muss ich sein: Ich hatte damals keine
Ahnung.
Naja – vielleicht hast du das eine oder andere
auch schon vorher gewusst, vielleicht war
manches für dich neu. Aber vieles, und das wird
dir bald selbst auffallen, muss man einfach durch
eigene Erfahrungen herausfinden.

Und das ist eigentlich gar nicht so schwer: Frag
ChatGPT.
Oder dein KI-Tool des Vertrauens.

Denn du bist jetzt kein Anfänger mehr. Du bist
über die Phase hinaus, in der man die KI
schüchtern fragt:
„Ähm... was kannst du eigentlich so?"
(Eine Frage, die übrigens auch beim ersten Date
keinen Pokal gewinnt.)

Heute formulierst du besser. Zielführender.
Heute stellst du Fragen, die nicht nur Antworten
provozieren, sondern echte Gespräche anregen.
Fragen, die Türen öffnen – und nicht bloss
Gucklöcher.

Also los:
Nutze das Wissen, das du dir hier aufgebaut hast.

Sei neugierig. Sei präzise. Und sei ruhig ein bisschen frech.

Denn die besten Antworten entstehen, wenn die Frage nicht nur gestellt, sondern richtig gedacht wird.

Weniger zielführend:

"Was kannst du?"

(Ergebnis: eine langweilige Aufzählung von Fähigkeiten, die dir nicht wirklich weiterhilft.)

Besser:

"Liste mir bitte in drei Sätzen die wichtigsten Stärken von ChatGPT auf und gib mir je ein konkretes Anwendungsbeispiel dazu."

(Ergebnis: eine strukturierte Antwort, die du sofort praktisch nutzen kannst.)

Merke:

Je genauer und konkreter du formulierst, desto besser kann die KI ihr Können entfalten – und desto größer ist dein Nutzen.

Deine Mini-Übung:

Überlege dir jetzt drei konkrete Fragen, die du an eine KI stellen würdest.
Sie sollen:

klar und verständlich sein,

ein Ziel verfolgen,

und echte Inspiration liefern können.

Hier ein kleiner Starter, falls du hängen bleibst:

"Hilf mir, in fünf Schritten einen Wochenplan für gesunde Ernährung zu erstellen."

"Erfinde eine lustige Kurzgeschichte über einen vergesslichen Nikolaus."

"Zeige mir drei Ideen, wie ich meinen Alltag mit KI effizienter gestalten könnte."

Und dann:
Stell diese Fragen!
Denn der beste Weg, besser zu werden, ist, einfach loszulegen.

Und nun mein wichtigster Prompt-Tipp:

Der Meta-Prompt

Ein Meta-Prompt ist im Grunde ein Prompt über Prompts – also eine Anweisung an ChatGPT, dir beim Formulieren eines geeigneten Prompts zu helfen.

Statt selbst lange zu überlegen, wie du deine Frage perfekt formulierst, sagst du einfach:

„Bitte hilf mir, einen passenden Prompt zu erstellen, um …"

Und ChatGPT antwortet nicht direkt mit einer Lösung, sondern stellt dir gezielte Rückfragen, um mehr über dein Anliegen zu erfahren. Danach baut die KI aus deinen Antworten einen vollständigen, gut formulierten Prompt, den du dann einfach verwenden kannst.

Meta-Prompt in Aktion: Geschenke finden ohne Kopfzerbrechen
Ausgangslage:

Du hast keine Ahnung, was du deinem besten Freund zum Geburtstag schenken sollst.
Er hat eigentlich schon alles. Und er sagt ständig: „Ach, ich brauch doch nichts."
(Was natürlich nicht stimmt.)

Früher wäre ich jetzt durch zehn Geschenkportale gescrollt, hätte am Ende doch einen langweiligen Gutschein gekauft – und mich ein bisschen schlecht gefühlt.

Heute? Heute frage ich die KI. Aber nicht direkt nach Geschenkideen.
Ich fange mit einem Meta-Prompt an.

✦ Meta-Prompt-Beispiel:

„Bitte hilf mir, einen guten Prompt zu formulieren, um originelle Geschenkideen für meinen besten Freund zu finden. Er hat bald Geburtstag, ist 38 Jahre alt, lebt in einer Wohnung, interessiert sich für Fotografie, gute Küche und Technik. Er hat schon viel, wünscht sich aber nie etwas Konkretes. Ich brauche einen kreativen Prompt, der zu einer persönlichen und überraschenden Geschenkidee führt."

Was ChatGPT nun tut:

Es fragt gegebenenfalls weiter nach Details, z. B.:
– Wie hoch ist dein Budget?
– Möchtest du etwas kaufen oder etwas selbst

machen?

– Soll das Geschenk praktisch, emotional oder unterhaltsam sein?

Es erstellt einen vollständigen, optimierten Prompt, z. B.:

„Ich suche eine kreative Geschenkidee für einen 38-jährigen Mann, der in einer Stadtwohnung lebt, sich für Fotografie, gutes Essen und Technik interessiert. Er besitzt schon vieles und wünscht sich nichts Konkretes. Bitte nenne mir fünf originelle Geschenkideen mit kurzer Begründung, die entweder persönlich, überraschend oder nützlich sind. Budget maximal 100 Euro."

Und diesen Prompt kannst du sofort in einem neuen Chatfenster verwenden – oder gleich direkt im Anschluss.

Das Ergebnis:

Ein analoges Fototagebuch mit Polaroidfilm und Aufgabenkarten

Ein Gutschein für einen exklusiven Käse-Workshop mit Degustation

Ein digitales Bilderrahmen-Abo, das sich per App füttern lässt

Ein graviertes Barista-Werkzeug-Set

Ein personalisierter Technik-Organizer für Fotografie-Equipment

Fazit:

Ein Meta-Prompt hilft dir, deine Fragen besser zu stellen.
Und gut gestellte Fragen sind der halbe Weg zur guten Antwort.
Das Beste daran: Du musst nicht überlegen, wie du fragen sollst – du fragst einfach die KI, wie man fragt.

Achtung:

Die Wahrscheinlichkeit, dass bei deiner Eingabe des Meta-Prompts genau dasselbe herauskommt wie bei mir, ist ziemlich gering. Und das ist auch gut so.

Denn: KI lernt. Nicht im klassischen Sinne wie ein Mensch, aber sie passt sich deinem Stil, deinen Vorlieben und deiner Art zu fragen an. Sie merkt sich zwar nicht alles dauerhaft, aber sie reagiert kontextbezogen – und entwickelt sich dadurch bei dir vielleicht in eine ganz andere Richtung als bei mir.

Das bedeutet:
Deine KI wird mit der Zeit zu einer Art digitalem Spiegel deiner Denkweise.
Sie ist vielleicht ein bisschen pragmatischer, fantasievoller, detailverliebter – je nachdem, wie du mit ihr sprichst.

Und deshalb gilt hier:
Es gibt kein richtig oder falsch.
Nur: passend oder unpassend – für dich.
Ein Meta-Prompt ist keine Matheformel, sondern eher wie ein Gespräch mit einem sehr aufmerksamen Assistenten. Manchmal muss man sich ein paar Mal annähern, bevor's sitzt. Aber das ist Teil des Spiels.

Mein Tipp:
Lass dich überraschen.
Probiere aus, variiere deine Fragen, beobachte, wie sich die Antworten verändern – und hab

keine Angst davor, „nicht perfekt" zu fragen. Die KI versteht mehr, als man denkt – und sie fragt zurück, wenn sie's nicht tut.

Merksatz zum Meta-Prompt:

Ein Meta-Prompt ist wie ein Navi: Du musst nicht wissen, wie du an dein Ziel kommst – nur, wo du hinwillst. Den Weg plant die KI für dich.

Gut zu wissen:

ChatGPT reagiert auf dich – nicht stur nach Schema. Je öfter du klar und ehrlich formulierst, desto besser werden die Antworten.

Welches Tool und zu welchem Preis

Abbildung 5

Kaum hat man sich einmal ernsthaft mit dem Thema Künstliche Intelligenz befasst – oder auch nur aus Neugierde etwas ins Handy eingetippt – wird man überflutet.

Im Zehn-Minuten-Takt erscheinen neue Tools und Anwendungen. Und jedes einzelne verspricht, besser zu sein als das letzte – schneller, einfacher, günstiger.

Nun, in der Geschäftswelt gibt es einen Merksatz, den längst nicht alle kennen, aber jeder irgendwann lernen muss:
Es gibt nichts umsonst.
Und falls doch – dann bezahlst du mit deinen Daten.

Hast du schon einmal an einem Wettbewerb teilgenommen, bei dem du kostenlos ein Auto gewinnen konntest?
Ja, solche Angebote gibt es tatsächlich.
Aber Hand aufs Herz:
Wie oft hast du seither ein Auto gewonnen?
Und wie oft wurdest du von einem Versicherungsmakler angerufen, der deine „glücklichen" Kontaktdaten irgendwo erworben hat?

Genau.

Meine Erfahrungen mit KI-Apps und -Plattformen haben mir eines sehr deutlich

gezeigt:
Wirklich kostenlos ist fast nichts.
Nützlich ist vieles – ja! Aber wirklich „geschenkt"
bekommst du selten etwas.

Mittlerweile habe ich über 400 Links zu
verschiedenen Plattformen gesammelt – alleine
acht davon beschäftigen sich mit der
Logogenerierung.
Und tatsächlich: Auf fast allen konnte ich Logos
erstellen lassen.
Manchmal sogar erstaunlich gute.

Aber der Ablauf war immer ähnlich:

Zuerst registrieren (Datenzahlung).

Dann ausprobieren (mit eingeschränkter
Qualität).

Und schließlich der Haken:
Herunterladen oder hochauflösende Dateien gibt
es nur gegen Credits oder ein Abonnement.

Dasselbe Muster fand ich bei Plattformen für
Bildgenerierung, Präsentationserstellung und
vieles mehr.

Natürlich habe ich viel ausprobiert – aus
Neugier, aus Jux und zum Lernen.

Und ich habe Erstaunliches erlebt: Innerhalb weniger Minuten konnte ich beeindruckende Präsentationen erstellen lassen.
Und danach?

Ich fand die Plattform nicht mehr wieder, weil ich den Link nicht gespeichert hatte.

Als ich sie schließlich wiederfand und tatsächlich ernsthaft nutzen wollte, wurde ich zur Kasse gebeten – ohne Abo keine weitere Nutzung.

Was ausserdem auffällt:
Viele Tools locken mit der Aussicht, man könne mit KI spielend leicht ein Einkommen generieren.
Nie mehr arbeiten! Nur noch KI machen lassen!

Alles, was man angeblich tun müsse: ein Schulungsvideo schauen oder einen Lehrgang buchen.
Und dann soll das Geld von alleine fliessen.

Die harmlosere Variante:
Werde Werbegrafiker mit Hilfe von KI!
Oder Jingleschreiber!
Nur ein kleiner Haken:

KI-generierte Inhalte besitzen kein klassisches Urheberrecht.

Selbst wenn ich eine Firma fände, die ihre Logos über mich erstellen liesse:

Jeder andere könnte dasselbe Logo ebenfalls verwenden.

Und mal ehrlich: Warum sollte der Kunde den Prompt nicht einfach gleich selbst eingeben, wenn er mir erklären muss, was er will?

Genau. Eben.

Mein erlerntes Verhalten daraus:

Ich bleibe offen und neugierig, aber nicht leichtgläubig.

Ich teste Tools, bevor ich überhaupt über ein Abo nachdenke.

Ich abonniere keinen Dienst, den ich nicht überzeugend getestet habe.

Ich renne keinen Trends nach, nur weil irgendwo „neu" draufsteht.

Ich speichere Links sorgfältig, wenn ich ein gutes Tool finde.

Ich überlege genau, ob ich das Tool wirklich regelmässig und intensiv nutzen werde.

Aktuell verwende ich bewusst ChatGPT Plus. Dieses Abonnement kostet mich 20 Dollar im Monat.
Ja, das ist viel Geld – aber es ist es wert:

Warum? Hier ein paar klare Gründe:

Schnelligkeit:
Die Antwortzeiten sind deutlich kürzer.
Kein endloses Warten mehr darauf, dass der virtuelle Praktikant sein Wörterbuch sortiert.

Zugriff, auch wenn es voll ist:
Gerade in Stosszeiten, wenn gefühlt halb Europa gleichzeitig die KI nach Spaghetti-Rezepten fragt, komme ich trotzdem rein.
Ohne Warteschlange, ohne Frust.

Bessere Qualität der Antworten:
Besonders bei komplexeren oder kreativen Aufgaben spüre ich den Unterschied:
Die Antworten sind strukturierter, detaillierter – und manchmal auch einfach schlauer.

Aktuelleres Modell:
Mit dem Plus-Abo habe ich Zugang zu
aktuelleren Versionen von ChatGPT.
Und aktueller bedeutet oft: mehr Wissen,
bessere Logik, flüssigere Texte.

Mehr Möglichkeiten für Experimente:
Ich kann auch größere Anfragen starten,
umfangreiche Projekte bearbeiten lassen oder
gezielt spezielle Aufgaben ausprobieren.
Wer kreativ arbeiten will, stösst bei der
kostenlosen Version schneller an Grenzen.

Wertschätzung für das Tool:
Mal ganz ehrlich: Ein bisschen dafür zu bezahlen
fühlt sich auch gut an.
Immerhin profitiere ich jeden Tag von der
Leistung – warum also nicht einen fairen Beitrag
leisten?

Planbarkeit:
Gerade weil ich ChatGPT so regelmässig einsetze
– für Texte, Ideenfindung, Strukturierung,
Alltagsthemen – brauche ich eine verlässliche
Lösung.
Kein Glücksspiel, ob es heute geht oder nicht.

Anmerkung:

Die Informationen, die du hier findest, entsprechen dem Stand zum Zeitpunkt, an dem ich dieses Buch geschrieben habe.

Wie es in ein paar Jahren aussieht – ob ich dann noch dieselben Tools nutze oder längst auf ganz andere Technologien umgestiegen bin – wird sich erst zeigen.

Die Welt der Künstlichen Intelligenz entwickelt sich rasant.

Manchmal so rasant, dass man kaum die aktuelle Version zu Ende ausprobiert hat, bevor schon das nächste große Update ansteht.

Deshalb habe ich bewusst darauf verzichtet, konkrete Tools oder Links zu Plattformen direkt im Text zu nennen.

Nicht, weil ich dir etwas vorenthalten möchte – sondern weil diese Informationen schnell veralten können.

Was heute noch neu und aufregend ist, könnte morgen schon verschwunden sein.

Und was heute teuer erscheint, ist vielleicht bald selbstverständlich.

Mein Tipp:

Nutze dein neues Wissen, um selbstbewusst nach

den Tools zu suchen, die zu deinem Bedarf passen.

Und halte dir immer ein Stück Neugier und Flexibilität offen – denn genau das ist die wahre Stärke im Umgang mit KI.

Und wie schon erwähnt: Frag dein KI-Tool nach anderen Tools!

Nun hast du eine ganze Reihe von Hinweisen bekommen – darüber, was du besser nicht tun solltest und wie ich persönlich mit der Auswahl von KI-Tools umgehe.

Aber es gibt auch eine ganz einfache Methode, mit der du dein eigenes, passendes Werkzeug-Set zusammenstellen kannst:

Ein Prompt, der dir dein persönliches KI-Konzept erstellt

Wenn du all diese Fragen nicht alleine durchdenken möchtest, kannst du sie – wie so vieles – direkt der KI selbst stellen.

Hier ein ausgearbeiteter Prompt, den du so (oder leicht abgewandelt) bei ChatGPT verwenden kannst, um dir ein passendes Nutzungskonzept erstellen zu lassen:

Prompt-Vorlage:

Ich möchte Künstliche Intelligenz gezielt für meine persönlichen und beruflichen Aufgaben nutzen. Bitte hilf mir, ein passendes Nutzungskonzept zu erstellen.

Hier einige Informationen zu mir:
– Ich arbeite in folgendem Bereich: [hier Berufs- oder Interessengebiet einfügen]
– Ich möchte KI für folgende Aufgaben nutzen: [z. B. Texte schreiben, Bildideen entwickeln, E-Mails formulieren, Projekte planen, Code generieren etc.]
– Ich habe folgende Tools bereits ausprobiert: [optional]
– Mein technisches Know-how ist: [Einsteiger / Fortgeschritten / Profi]
– Mein Budget pro Monat liegt bei: [z. B. 0–20 Euro, 20–50 Euro, offen]

Bitte erstell mir darauf basierend:

eine Liste sinnvoller KI-Tools (inkl. Kosten)

konkrete Anwendungsbeispiele passend zu meinem Alltag

eine Wochenübersicht, wie ich diese Tools effektiv nutzen könnte

Hinweise, worauf ich achten sollte (z. B. Datenschutz, Lernkurve, Limitierungen)

Sprich mich in der Du-Form an und bleib sachlich, aber motivierend.
Ich möchte das Konzept in verständlicher Sprache – gerne mit ein paar Tipps für Fortgeschrittene.

Das Ergebnis ist oft erstaunlich konkret – und kann dir helfen, nicht in die Abo-Falle zu tappen oder dich in Tool-Zoo und Feature-Dschungel zu verlieren.

Denn die Wahrheit ist:
KI kostet. Aber sie kostet weniger, wenn man weiß, wofür man sie braucht.
Und manchmal ist die wichtigste Investition gar nicht das Geld, sondern der Gedanke vorher:
Was will ich eigentlich genau?

Anwendungsideen für Jedermann

Abbildung 6

KI im Haushalt – Wer denkt, muss nicht schrubben

Bill Gates soll einmal gesagt haben, er stelle am liebsten faule Menschen ein – weil sie den einfachsten Weg finden, Dinge zu erledigen. Sollte das stimmen, dann steht die Künstliche Intelligenz bei mir offene Türen ein. Ich mag es nämlich auch, Dinge so einfach wie möglich zu erledigen.

Umso besser also, dass wir inzwischen auf KI zurückgreifen können.

Doch halt – der Klügere arbeitet nicht selbst. Er denkt, strukturiert, formuliert – und überlässt die Ausführung anderen.

Genau das macht die KI ebenfalls. Sie reinigt zwar nicht mein Badezimmer, aber sie erstellt mir in Sekundenschnelle einen Putzplan: Wer wann was putzt, wie lange es dauert und sogar, wie man die Aufgaben motivierend aufteilen könnte.

Der Gedanke ist charmant – und gar nicht so weit hergeholt.

Die KI ist strukturiert, ermüdet nie und liefert auf Nachfrage sogar Belohnungsvorschläge für erledigte Aufgaben.

Ob sie damit klüger ist als ich?

Nun ja – jedenfalls hat sie noch nicht begonnen, meine Wohnung zu putzen!

Meta-Prompt für einen alltagstauglichen Haushaltsplan:

„Erstelle einen realistischen Reinigungsplan für einen Drei- bis Vier-

Personen-Haushalt. Der Plan soll wöchentlich wiederholbar sein, eine faire Aufgabenverteilung enthalten (abwechselnd, rotierend oder nach Vorlieben sortiert), die wichtigsten Räume abdecken (Badezimmer, Küche, Wohnbereich, Schlafzimmer, Flur) und alltagstauglich formuliert sein. Berücksichtige dabei, dass alle Beteiligten berufstätig oder in Ausbildung sind und pro Tag höchstens 20 Minuten aufbringen können."

Hinweis: Dieser Meta-Prompt lässt sich beliebig anpassen – etwa durch konkrete Raumprioritäten oder individuelle Zeitbudgets.

Formuliert – getan.

Und hier ist, was dabei herausgekommen ist:

Wöchentlicher Reinigungsplan (rotierend, 3–4 Personen)

Aufgabenverteilung:

- Jede Person übernimmt **eine Aufgabe pro Tag**.

- Die Aufgaben rotieren **wöchentlich**, sodass niemand immer denselben Bereich macht.

- Die Reihenfolge der Personen wird durchnummeriert (P1, P2, P3, P4).

- Bei 3 Personen bleibt täglich eine Aufgabe offen – die wird im Wochenverlauf aufgeholt oder gemeinschaftlich am Wochenende erledigt.

🏛 Wochenplan (Montag bis Sonntag)

Tag	Aufgabe 1	Aufgabe 2	Aufgabe 3
Montag	Küche: Oberflächen wischen, Abfall rausbringen	Bad: WC und Waschbecken reinigen	Wohnzimmer: Staubsaugen
Dienstag	Flur: Böden saugen oder feucht aufnehmen	Küche: Kühlschrank kontrollieren	Bad: Spiegel & Abla wischen
Mittwoch	Küche: Herd & Spüle gründlich reinigen	Schlafzimmer: Staubwischen, Bett machen	Bad: Dusche reinige
Donnerstag	Wohnzimmer: Böden saugen oder wischen	Küche: Mülleimer auswischen	Bad: WC nachreinig frische Handtücher
Freitag	Küche: Einkaufsliste prüfen oder erstellen	Flur: Türgriffe & Lichtschalter reinigen	Bad: Boden aufnehr
Samstag	*Alle:* 15 Min. gemeinsames Aufräumen (Musik an 🎵)	Offene Aufgaben nachholen / Sonderaufgaben	(z. B. Backofen, Fens
Sonntag	Ruhetag! 😌	—	—

🗓 Wochenrotation der Personen (Beispiel für 4 Personen)

Woche	P1 macht	P2 macht	P3 macht	P4 macht (optional)
Woche 1	Aufgabe 1	Aufgabe 2	Aufgabe 3	Aufgabe 4
Woche 2	Aufgabe 2	Aufgabe 3	Aufgabe 4	Aufgabe 1
Woche 3	Aufgabe 3	Aufgabe 4	Aufgabe 1	Aufgabe 2
Woche 4	Aufgabe 4	Aufgabe 1	Aufgabe 2	Aufgabe 3

↓

Tipps für den Alltag

- Nutzt eine **Magnettafel oder ein Whiteboard** in der Küche zur Wochenübersicht

- Wer mal verhindert ist, kann **mit jemandem tauschen**

- Aufgaben dürfen nach Wunsch **dauerhaft getauscht werden**

- Samstag eignet sich auch für **Mini-Grossputz-Projekte**

- **Wäsche separat regeln**, z. B. jede:r für sich oder Wochenend-Teamarbeit

---

Möchtest du diesen Plan als **PDF mit beschriftbarem Namensfeld** und evtl. kleinen Symbolen pro Raum?

Ich hätte gern, dass du die Wohnung putzt...

Antwort ChatGPT:

Wenn ich könnte, würde ich den Staubsauger schwingen – aber leider bin ich nur digital unterwegs!

Was ich aber kann: Dir helfen, den Putzalltag einfacher zu machen – z. B. mit:

- einem cleveren **Putz-Reminder-System** (z. B. per App oder Google Kalender)

- einer **To-do-Liste zum Abhaken** (PDF oder Notion-Template)

- **Zeitspar-Tipps** für schnelles Putzen (z. B. „Speed Cleaning" für Eilige)

- Motivation in Form eines **kleinen Challenges** (z. B. „5 Minuten am Tag")

Meine Frage: Kannst du mir eine App erstellen?

Antwort ChatGPT:

Ja, ich kann dir gerne helfen, eine einfache App zu erstellen – zum Beispiel eine **kleine Putzplan-App für vier Personen**, mit:
- Wochenplan zum Abhaken
- Rotierender Aufgabenverteilung
- Erinnerungsfunktion (optional)
- Mobil oder Desktop-tauglich
Damit ich dir das passende Konzept liefern kann, sag mir kurz:

1. **Wo möchtest du die App nutzen?**
   - Handy (Android/iOS)?
   - Webbrowser (Laptop/Tablet)?
   - Beides?
2. **Wie soll sie aussehen?**
   - Minimalistisch mit Kästchen zum Abhaken?
   - Mit Icons/Symbolen für Küche, Bad etc.?
   - Kalenderansicht oder Wochentabelle?
3. **Technikfrage:**
   - Willst du selbst etwas hosten (z. B. mit GitHub & Netlify)?
   - Oder soll ich dir eine HTML/JS-Datei bauen, die du einfach im Browser öffnen kannst?

Hier ist deine einfache HTML-Putzplan-App fürs Handy – mit Kästchen zum Abhaken und passenden Icons für jeden Wochentag. Du kannst sie direkt im Browser öffnen oder auf deinem Smartphone speichern.

Wenn du möchtest, kann ich dir zeigen, wie du sie als Web-App auf dem Startbildschirm ablegst – oder sie offlinefähig machst. Möchtest du das?

Das Resultat:

Montag
- ☐ Küche: Oberflächen & Abfall (P1)
- ☐ Bad: WC & Waschbecken (P2)

Dienstag
- ☐ Wohnzimmer: Staubsaugen & Ordnung (P1)
- ☐ Schlafzimmer: Lüften & Wischen (P2)

Mittwoch
- ☐ Küche: Herd & Spüle reinigen (P1)
- ☐ Bad: Dusche & Spiegel (P2)

Donnerstag
- ☐ Flur: Boden reinigen (P1)
- ☐ Schlafzimmer: Saugen & Staub (P2)

Freitag
- ☐ Küche: Kühlschrank & Mülleimer (P1)
- ☐ Wohnzimmer: Abstauben (P2)

Samstag
- ☐ Gemeinsames Aufräumen + Sonderaufgabe

Sonntag
- ☐ Ruhetag! Nur wenn's Spass macht :)

Ich habe den Prompt ausprobiert – einfach so, ohne viele Vorgaben – und zu meiner Überraschung hat die KI nicht nur einen Reinigungsplan erstellt, sondern gleich eine kleine, browserbasierte Anwendung programmiert.

Ein simpler Prompt – und plötzlich hatte ich ein funktionierendes Mini-Tool zur Aufgabenverteilung im Haushalt.

Das Ganze sah zwar noch etwas schlicht aus, aber es hatte alles, was es brauchte: Eingabefelder für Namen, auswählbare Aufgaben, einen Wochenplan zum Ausdrucken – sogar einen kleinen Reset-Button für den Neustart. Und das Beste daran: Ich hätte es so nicht mal eben selbst programmiert. Die KI aber schon.

Mein Fazit:
Wer nicht nur einen Plan will, sondern gleich eine Lösung zur Umsetzung, der bekommt mit einem einzigen Prompt oft mehr, als er erwartet. Und genau das ist es, was mich an dieser Technologie immer wieder verblüfft. Sie denkt nicht nur mit – sie denkt auch voraus.

Nur Schrubben muss ich noch selbst ...

Wenn 7 × 7 plötzlich nicht mehr reicht

Eltern kennen das: Das kleine Einmaleins sitzt noch, zumindest bei uns Erwachsenen – und man kann kaum nachvollziehen, warum das Kind bei „7 × 7" länger nachdenken muss als bei der Frage nach WLAN-Passwörtern.
Aber gut, die Zeiten ändern sich.

Kaum ist diese Phase überstanden, wird's ernst: schriftliches Multiplizieren, Dividieren mit Rest, Brüche kürzen, Textaufgaben mit „Lisa fährt mit dem Zug und trifft sich mit Paul, der 30 km weiter mit dem Fahrrad unterwegs ist..." – und plötzlich stehst du da.
Du erinnerst dich noch daran, dass du das **irgendwann mal konntest**, aber gleichzeitig weisst du:
Wenn du jetzt klug bist, *tust du nicht so, als wüsstest du es noch*. Denn nichts ist schlimmer, als dem eigenen Kind eine falsche Erklärung zu liefern.

Genau in solchen Momenten kann KI helfen – nicht mit einem billigen „Hier ist die Lösung", sondern als smarter Nachhilfeassistent. Du kannst den Rechenweg überprüfen lassen, dir eine kindgerechte Erklärung liefern lassen und sogar Musterlösungen generieren.

Und das Beste: Du kannst so tun, als hättest du das alles selbst hergeleitet.

Meta-Prompt: Textaufgabe prüfen, lösen und kindgerecht erklären

„Ich möchte eine Mathematik-Textaufgabe überprüfen lassen. Bitte gib mir:
– die korrekte Lösung,
– eine verständliche Schritt-für-Schritt-Erklärung,
– eine Formulierung für Schülerinnen und Schüler der 6. oder 7. Klasse,
– sowie, falls nötig, eine kurze Rückmeldung zur plausiblen Herangehensweise.“

Beispielaufgabe:
„Lisa fährt mit dem Zug mit einer Geschwindigkeit von 80 km/h los. Paul fährt zur gleichen Zeit mit dem Fahrrad los, 30 km entfernt von Lisas Startpunkt – mit einer Geschwindigkeit von 20 km/h. Wann treffen sie sich?“

Bitte erkläre die Lösung so, dass auch Eltern, die selbst etwas aus der Übung sind, sie gut nachvollziehen können.

Hinweis für Leser:innen im Buch:
Solche Prompts helfen nicht nur beim
Nachvollziehen der Lösung – sie zeigen dir auch,
**wie du eine Aufgabe methodisch
aufdröseln kannst**, ohne das Kind direkt zu
überfordern oder zu korrigieren.

Beispiellösung von ChatGPT (sinngemäss formuliert)

Aufgabe:

*Lisa fährt mit dem Zug mit einer
Geschwindigkeit von 80 km/h los. Paul fährt zur
gleichen Zeit mit dem Fahrrad los, 30 km
entfernt von Lisas Startpunkt – mit einer
Geschwindigkeit von 20 km/h. Wann treffen sie
sich?*

---

1. Verständnis der Aufgabe:

Lisa fährt mit dem Zug und ist schneller als Paul
mit dem Fahrrad. Sie starten gleichzeitig, aber an
verschiedenen Orten. Paul ist 30 km weiter weg
von Lisa. Das heisst: Lisa muss Paul einholen.

---

2. Herangehensweise:

Wir rechnen aus, **wie lange Lisa braucht, um**

127

die 30 km aufzuholen, die Paul Vorsprung hat.

Dafür schauen wir auf den Geschwindigkeitsunterschied:

- Lisa: 80 km/h

- Paul: 20 km/h

- **Differenz:** 80 km/h – 20 km/h = 60 km/h

Lisa nähert sich Paul mit 60 km/h an.

---

3. Rechnung:
Jetzt teilen wir den Abstand (30 km) durch den Geschwindigkeitsunterschied (60 km/h):

30 km ÷ 60 km/h = 0,5 Stunden

Antwort:
Lisa holt Paul nach einer halben Stunde (30 Minuten) ein.
Das heisst: **Sie treffen sich nach 30 Minuten.**

---

4. Für dein Kind erklärt:

Stell dir vor, Lisa rast in einem schnellen Zug los und Paul strampelt auf seinem Fahrrad. Lisa kommt **jede Stunde 60 km näher** an Paul heran – also 1 km pro Minute!
Paul hat 30 km Vorsprung. Also braucht Lisa **30 Minuten**, um ihn einzuholen.

Diese Art der Erklärung zeigt, wie ChatGPT nicht nur das Ergebnis liefert, sondern auch dabei hilft, mathematische Zusammenhänge zu verstehen – für Kinder und Eltern gleichermaßen.

Meta-Prompt: Aufsatz oder Diktat korrigieren lassen

„Bitte überprüfe folgenden Aufsatz / dieses Diktat auf Rechtschreibung, Grammatik und Zeichensetzung.

Gib mir:
– eine korrigierte Version des Textes,
– eine kurze Zusammenfassung der häufigsten Fehler,
– Vorschläge zur stilistischen Verbesserung (aber bitte altersgerecht für eine 6. oder 7. Klasse),

– und, wenn möglich, eine Rückmeldung zur inhaltlichen Verständlichkeit."

Text:
(Hier den Aufsatz oder das Diktat einfügen)

Optional kannst du auch ergänzen:

„Beziehe dich bitte auf den Lehrplan Deutsch in der Schweiz / Deutschland, Sekundarstufe I."
Oder: „Formuliere die Rückmeldung so, dass ich sie meinem Kind freundlich und aufbauend erklären kann."

Beispiel:

Eingabe:

„Mein ferien waren schön. Ich war mit meine familie in italien wir haben pizza gegessen und das meer war blau."

ChatGPT-Antwort (gekürzt):

Korrigierte Version:
„Meine Ferien waren schön. Ich war mit meiner Familie in Italien. Wir haben Pizza gegessen, und das Meer war blau."

Fehleranalyse:
– Groß- und Kleinschreibung (z. B. „Ferien",
„Italien")
– Artikel (z. B. „meine Familie")
– Satzstruktur (Trennung von Hauptsätzen)

Stil-Tipp:
„Du könntest noch ein bisschen mehr erzählen,
z. B. was dir am besten gefallen hat oder ob du
neue Dinge ausprobiert hast."

Solche Prompts helfen Eltern enorm – vor allem
dann, wenn man kein Lehrer ist, aber trotzdem
gerne unterstützen möchte.

Was viele nicht wissen: ChatGPT kann nicht nur
Text verarbeiten, sondern inzwischen auch
Bilder und Dokumente analysieren –
zumindest, wenn man die entsprechenden
Funktionen (z. B. im Plus-Abo) nutzt.

Das bedeutet:
Wenn dein Kind eine Matheaufgabe
abfotografiert hat, du aber nicht verstehst, was
da überhaupt gemeint ist – **lade einfach das
Foto hoch** und frage nach:

„Was wird hier verlangt? Kannst du mir die Aufgabe erklären?"

Oder:
Wenn der Aufsatz deines Kindes bereits handschriftlich verfasst wurde, kannst du ein **Foto oder Scan** hochladen und sagen:

„Bitte korrigiere diesen handgeschriebenen Text auf Rechtschreibung und gib mir eine überarbeitete Version zurück."

Das funktioniert erstaunlich gut – sogar bei Kinderschrift. (Nicht bei Sauklaue. Aber hey, irgendwas muss man auch selbst noch können.)

Auch PDFs, Arbeitsblätter oder Seiten aus Schulbüchern lassen sich oft hochladen – und wenn die Datei zu gross ist, hilft ein kleiner Trick:

„Hier ist ein Screenshot von Seite 2 des Übungshefts. Kannst du mir Aufgabe 4 erklären und eine Lösung mit Rechenweg zeigen?"

So wird die KI endgültig zur Familiennachhilfe – ohne genervtes Augenrollen, ohne Rotstift. Und wenn man möchte, sogar mit einem motivierenden Smiley am Schluss.

Mini-Prompt für Bildanalyse

„Bitte analysiere dieses Foto / diese Seite.

Es zeigt eine handschriftliche Schulaufgabe / ein Arbeitsblatt / einen Aufsatz.
Gib mir eine kurze Zusammenfassung des Inhalts, nenne eventuelle Fehler (Rechtschreibung, Grammatik, Rechenweg) und erkläre, worum es geht – so, dass ich es meinem Kind verständlich weitergeben kann."

Tipp:
Je klarer das Foto und je deutlicher der Text, desto besser klappt's.
Und: Lieber freundlich formulieren – die KI ist geduldig, aber kein Hellseher.

Es kommt Bewegung ins Spiel

Ja, ich weiss – ich sollte mehr Sport treiben.
Das letzte Fitnessabo hat mich umgerechnet 900 Euro pro Besuch gekostet. Nicht, weil das Studio so teuer gewesen wäre, sondern weil ich nach dem Abschluss des Abos genau einmal hingegangen bin.

Dafür habe ich mir vorher natürlich ein komplettes neues Sport-Outfit gegönnt. Neue Schuhe, atmungsaktive Shirts, Hightech-Socken – alles.
Schliesslich will man ja wenigstens gut aussehen, wenn man sich übernimmt.

Nun gut – die Sportbekleidung liegt noch immer da, wie neu.

Und wenn ich sie schon besitze, dachte ich mir, könnte ich ja mal kostengünstig mit dem Joggen beginnen. Also ohne Abo, dafür mit Anlauf.

Der erste Versuch war... nun ja, sagen wir: ernüchternd.

Nach rund zwei Minuten gemächlichen Trabschritts musste ich wieder ins Gehtempo wechseln. Ich war durchgeschwitzt wie nach einem Halbmarathon – und das nach 300 Metern. Die Leute, denen ich begegnete, nickten mir anerkennend zu.

Sie wussten ja nicht, wie kurz ich unterwegs war. Ich aber wusste es – und ich wusste: So wird das nichts.

Also beschloss ich, das Ganze systematischer anzugehen.

Ich wollte nicht einfach losrennen und hoffen, dass ich irgendwann fitter werde. Ich wollte einen Plan. Einen echten. Mit Struktur. Mit Fortschritt. Und – ganz wichtig – mit Erholungstagen.

Und zum Glück kenne ich ja inzwischen jemanden, der mir helfen kann:
Mein digitaler Coach.
ChatGPT.

Meta-Prompt für deinen individuellen Laufplan

„Du bist mein digitaler Laufcoach. Erstelle einen achtwöchigen Jogging-Trainingsplan für Anfänger, die nach längerer Pause wieder einsteigen wollen. Ziel ist es, dreimal pro Woche zu trainieren und am Ende der acht Wochen 30 Minuten am Stück joggen zu können – in moderatem Tempo. Bitte baue die Einheiten sinnvoll auf, mit wechselnden Lauf-/Geh-Intervallen und jeweils einer kurzen Beschreibung pro Trainingstag. Gib die Wochen einzeln aus, mit klaren Angaben für Montag, Mittwoch und Samstag.“

8-Wochen-Trainingsplan: Von Couch zu 30 Minuten Jogging

Hinweis: Du kannst die Trainingstage flexibel verschieben – wichtig ist, dass zwischen den Einheiten ein Ruhetag liegt. Alle Einheiten beinhalten **5 Minuten Aufwärmen (Gehen)** und **5 Minuten Cool-down (langsames Gehen & Dehnen)**.

Woche 1

- **Montag:** 6x (1 Min. Joggen + 2 Min. Gehen)

- **Mittwoch:** 6x (1 Min. Joggen + 2 Min. Gehen)

- **Samstag:** 6x (1 Min. Joggen + 2 Min. Gehen)
  Fokus: Lockerer Start. Es geht ums Reinkommen, nicht um Rekorde.

Woche 2

- **Montag:** 8x (1 Min. Joggen + 1,5 Min. Gehen)

- **Mittwoch:** 8x (1 Min. Joggen + 1,5 Min. Gehen)

- **Samstag:** 8x (1 Min. Joggen + 1,5 Min. Gehen)
  Du wirst merken: Die Pausen fühlen sich plötzlich grosszügig an.

Woche 3

- **Montag:** 6x (2 Min. Joggen + 1,5 Min. Gehen)

- **Mittwoch:** 6x (2 Min. Joggen + 1,5 Min. Gehen)

- **Samstag:** 6x (2 Min. Joggen + 1,5 Min. Gehen)
  Deine Atmung wird ruhiger – das ist Fortschritt.

Woche 4

- **Montag:** 5x (3 Min. Joggen + 1,5 Min. Gehen)

- **Mittwoch:** 5x (3 Min. Joggen + 1,5 Min. Gehen)

- **Samstag:** 5x (3 Min. Joggen + 1,5 Min. Gehen)
  Du bist offiziell ein Läufer. Langsam zwar – aber wer läuft, ist ein Läufer.

Woche 5

- **Montag:** 4x (5 Min. Joggen + 2 Min. Gehen)

- **Mittwoch:** 4x (5 Min. Joggen + 2 Min. Gehen)

- **Samstag:** 4x (5 Min. Joggen + 2 Min. Gehen)
  Der Kopf sagt Pause, die Beine sagen: Geht noch!

Woche 6

- **Montag:** 3x (8 Min. Joggen + 2 Min. Gehen)

- **Mittwoch:** 3x (8 Min. Joggen + 2 Min. Gehen)

- **Samstag:** 3x (8 Min. Joggen + 2 Min. Gehen)
  Du fängst an, während dem Laufen zu denken – nicht nur zu zählen.

Woche 7

- **Montag:** 2x (12 Min. Joggen + 3 Min. Gehen)

- **Mittwoch:** 2x (12 Min. Joggen + 3 Min. Gehen)

- **Samstag:** 1x 20 Min. Joggen am Stück
  Die Zahl „20" wirkt beängstigend – bis du sie schaffst.

Woche 8

- **Montag:** 25 Min. Joggen

- **Mittwoch:** 15 Min. lockeres Lauftraining oder Spaziergang

- **Samstag: 30 Minuten Joggen am Stück**
  Du hast es geschafft. Keine Weltrekorde, aber dein eigenes Ziel.

Belohnung & Motivation – das Herzstück jedes Trainingsplans

Joggen ist ja angeblich Belohnung genug.
Frische Luft, Endorphine, ein besseres Körpergefühl...
Aber ganz ehrlich: *Das ist Theorie.*

In der Praxis sieht das oft so aus:
Man läuft los, fühlt sich die ersten 30 Sekunden wie ein olympischer Athlet – und fragt sich bei der ersten Steigung, ob Sofa und Schokolade nicht auch eine Form von Sport sind. Mentales Gewichtheben, sozusagen.

Damit du dranbleibst, brauchst du mehr als nur einen Plan.
Du brauchst ein System. Etwas, das dich austrickst – mit List, Lust und kleinen Versprechen.

Die Belohnungskarte

Druck dir eine simple Tabelle: Acht Wochen, drei Felder pro Woche.
Jede absolvierte Einheit wird markiert – mit einem Kreuz, einem Sticker oder einem selbst erfundenen Lauf-Emoji.
Nach jedem Abschnitt gibt's was zur Belohnung:

- **Nach Woche 2:** Ein neues Sportshirt. Nicht zu teuer, aber bequem.

- **Nach Woche 5:** Ein Cafébesuch – mit Gipfeli und extra Milchschaum.

- **Nach Woche 8:** Ein Wochenende ohne schlechtes Gewissen. Pizza, Sofa, Serienmarathon. Du hast's dir verdient.

Wichtig ist: Du belohnst **den Weg**, nicht das Ziel.
Denn der Weg ist das, was du am Ende wirklich geschafft hast.

Und… joggst du jetzt 30 Minuten?

Neulich wurde ich gefragt:
„Und? Joggen kannst du jetzt bestimmt 30 Minuten am Stück, oder?"

Ich lächelte, nickte und antwortete souverän:
„Klar. Rein theoretisch. Praktisch leider nicht – ich schreibe gerade ein Buch."

Ich meine, wie soll das denn gehen?
Erst acht Wochen Trainingsplan durchziehen, dann noch joggen, dann duschen, dann regenerieren – und dann noch 300 Seiten schreiben?

141

Ich bin Autor. Ich arbeite mit Worten, nicht mit Waden.

Und ja, ich weiss: *Zeit hätte ich schon gehabt – aber nicht gleichzeitig Beine und Gehirn frei.*

Also bleibt es vorerst bei der schönsten aller sportlichen Übungen:
Absichten fassen.

Aber der Trainingsplan liegt bereit. Die Schuhe stehen da.
Und falls mich jemand motiviert bekommt, dann wohl mein digitaler Coach.

Oder meine Leserschaft.
Oder mein schlechtes Gewissen.

Aber ganz sicher nicht mein Sofa.
Das hat sich nämlich mit dem Fitnessshirt zusammengetan und ist seit Tagen auffällig ruhig.

Oder anders gesagt: Ich bin wie ein Wegweiser.
Der zeigt auch nur wohin und geht den Weg nicht selbst ...

Bonjour, Peinlichkeit!
Ich war in Frankreich.
Ein hübsches Bistro irgendwo in der Nähe von

Colmar, mit Lavendelduft in der Luft, karierten Tischdecken, und einem Kellner, der so französisch aussah, dass er wahrscheinlich mit Baguette und Baskenmütze geboren wurde.

Ich hatte meinen grossen Moment.
Jahrelang hatte ich darauf gewartet, endlich mal wieder mein Schulfranzösisch einzusetzen. Selbstbewusst und mit dem Charme eines leicht nervösen Touristen bestellte ich:

„Je voudrais un café au lait, s'il vous plaît."

Der Kellner schaute mich an, nickte höflich – und antwortete auf Englisch:

„Sure. One coffee with milk."

Ich glaube, in diesem Moment ist ein kleiner Teil meines Sprachstolzes gestorben.
Denn, und das weiss jeder: **Ein Franzose antwortet nur dann auf Englisch, wenn es wirklich nötig ist.**
Das war also entweder eine Notfallreaktion – oder ein Akt der sprachlichen Gnade.

Auf dem Heimweg stand mein Entschluss fest: Beim nächsten Besuch im Elsass will ich vorbereitet sein. Nicht perfekt. Aber wenigstens so, dass der Kellner keine Notwendigkeit mehr sieht, *aus Mitleid* die Sprache zu wechseln.

Wie ChatGPT beim Sprachenlernen hilft – ohne Rotwerden

Ich wollte nicht gleich in einen Kurs, nicht stundenlang Grammatik büffeln und keine Vokabellisten abschreiben wie in der Schule. Ich wollte etwas, das mir **spielerisch, spontan und alltagstauglich** hilft.

Und genau das kann ChatGPT:

1. Rollenspiele mit Kellnern

„Spiele den Kellner in einem französischen Café. Ich bestelle auf Französisch und du antwortest wie ein echter Kellner – aber korrigiere mich höflich, wenn ich Fehler mache."

💬 Ergebnis: Ich bestellte, ChatGPT spielte höflich mit – inklusive Rechnung. Und ja, ich bekam Trinkgeldtipps.

2. Vokabeltraining mit Humor

„Erstelle mir eine Liste mit 20 nützlichen Vokabeln für ein Wochenende im Elsass – mit deutscher Bedeutung und einem Beispielsatz."

Ergebnis: Kein Schulbuchstil, sondern:

„le fromage – der Käse. Exemple: Le fromage
sent fort, mais il est délicieux."
(*Der Käse riecht streng, aber er ist köstlich.*)
Ich war sofort wieder motiviert.

---

3. Aussprachehilfe (mit Umweg)

ChatGPT kann zwar nicht direkt mit dir
sprechen, aber du kannst dir Texte erstellen
lassen und sie dann z. B. in eine Übersetzungs-
App einfügen, die sie dir vorliest.
Oder du lässt dir erklären, **wie** du etwas
aussprichst:

*„Wie spricht man ‚ravi de vous rencontrer' aus –
für einen Deutschsprachigen zum
Nachmachen?"*

 Ergebnis: Eine lautschriftähnliche Anleitung,
mit dem Hinweis: „Das französische *r* klingt wie
ein gehauchtes, kratzendes Geräusch im Hals –
aber ohne dich zu verschlucken."

Fazit:

Mit ChatGPT konnte ich in meinem Tempo, auf meine Art und ohne Angst vor peinlichen Blicken **genau das üben**, was ich brauchte.

Nächstes Mal, wenn ich im Elsass bin, bestelle ich nicht nur einen Kaffee – ich frage auch, woher der Käse kommt.

Und falls der Kellner wieder auf Englisch antwortet, weiss ich: *Diesmal liegt's nicht an mir.*

Exkurs: Sprich mit deiner KI – sie versteht (fast) alles

Was viele nicht wissen: ChatGPT lässt sich längst nicht nur mit Text füttern.

In der mobilen App kannst du ganz einfach **ins Mikrofon sprechen** – und ChatGPT **antwortet dir auch mit Sprache**.

Und zwar nicht nur auf Deutsch, sondern auf Französisch, Italienisch, Englisch, Japanisch... was immer du brauchst.

Das ist besonders hilfreich beim **Lernen von Aussprache, Dialogen oder Hörverständnis**. Du brauchst kein extra Tool, keine Vokabel-CDs, keine Kassette mit „Französisch für den Urlaub – Teil 3: Der Marktbesuch".

Du kannst z. B. einfach sagen:

„Bonjour, je voudrais apprendre le français.
Parle avec moi comme un professeur patient.“

Und ChatGPT antwortet:

„Très bien ! Commençons par une petite
conversation. Tu es prêt ?“

In diesem Moment wird dein Smartphone zum
Sprachtrainer. Und das Beste:
Du darfst Fehler machen – ohne rot zu
werden.
Die KI korrigiert höflich, geduldig und so oft du
willst.

Meta-Prompt: Sprachen lernen mit KI

Hier ist ein universeller Prompt, mit dem du
ChatGPT zu deinem persönlichen Sprachcoach
machst:

„Du bist mein Sprachlehrer. Ich möchte
Französisch (oder eine andere Sprache)
lernen.
Hilf mir mit Vokabeltraining, einfachen
Dialogen, Satzbau-Erklärungen und
Aussprachehinweisen – so, dass es
alltagstauglich bleibt.
Ich möchte in kleinen Schritten lernen, mit

Beispielen und Rückfragen. Korrigiere mich freundlich, wenn ich Fehler mache, und sprich mit mir in der jeweiligen Sprache, sobald ich bereit bin."*

Diesen Prompt kannst du auch **mündlich** in der App formulieren – und schon geht's los.

Kleines KI-Glossar: Französisch für unterwegs

Mit ChatGPT kannst du dir massgeschneiderte Vokabellisten erstellen lassen – hier eine kleine Grundausstattung für dein nächstes Elsass-Abenteuer:

Französisch	Deutsch	Merken durch...
Bonjour	Guten Tag	beim Bäcker sagen!
Je voudrais un café	Ich hätte gern einen Kaffee	Klassiker – nie falsch!
L'addition, s'il vous plaît	Die Rechnung bitte	Wichtig für den Abschluss...

Französisch	Deutsch	Merken durch...
Le fromage	Der Käse	... riecht. Immer.
Où sont les toilettes ?	Wo ist die Toilette?	Lebenswichtig. Keine Diskussion.
C'est combien?	Wie viel kostet das?	Für Markt, Laden und Verhandlungen.

Tipp: Lass dir von ChatGPT eine Liste der zehn wichtigsten Redewendungen für „sympathische Touristen" erstellen – inklusive Aussprachehilfe!

Ein Kalender für die Oma

Hast du bemerkt, worauf das hinausläuft?

Wie praktisch ist doch ein Leben, wenn man den jährlichen Kalender zu Weihnachten **nicht mehr aufwändig von Hand und Herz zusammenbasteln** muss. Wenn man stattdessen einfach die KI beauftragt:

„Erstelle einen Kalender mit 12 schönen Blumenbildern. Und schreib bitte noch gleich

149

einen Kartentext, damit wir dieses Thema auch grad abgehakt haben."

Nun ja – **die Oma wird wohl sagen, dass sie sich freut** darüber.
Sie wird deinen „grossen Aufwand" würdigen. Und bestimmt loben, wie hübsch die Rosen auf dem Juni-Blatt blühen.

Aber sind wir doch ehrlich: **So ein Geschenk willst du als Oma nicht bekommen.**

Die Idee: KI ja – aber mit echtem Herz

Denn was macht einen Fotokalender wirklich wertvoll?

Nicht das Design. Nicht die Auflösung der Bilder. Sondern das, **was darauf zu sehen ist.**

Deshalb kam mir die Idee, das Geschenk von Grund auf **persönlicher zu gestalten** – mit Hilfe der KI, aber getragen von echten Momenten. Und das bedeutet: nicht zwölf Zufallsbilder aus dem Archiv. Sondern **zwölf bewusste Begegnungen**.

Ein Jahr für Oma – so wird's ein Geschenk mit Seele

Hier mein Plan – vielleicht auch eine Idee für dich:

1. Jeden Monat ein bewusstes Kalenderbild aufnehmen

Statt im Dezember das gesamte Jahr rückwirkend durchzuwühlen und zwischen zwei verschwommenen Selfies zu entscheiden, beginnt das Geschenk im Januar:

Jeden Monat wird **ein Foto für Oma** gemacht.

Und zwar nicht irgendeines. Sondern:

- ein echtes, aktuelles Bild,

- mit einer **kleinen Geschichte dahinter**,

- und am besten: **mit ihr selbst drauf.**

---

2. Jedes Familienmitglied macht ein Bild mit Oma

Das wird nicht nur persönlicher – es wird auch zur Tradition.

Jede Tochter, jeder Enkel, der Schwager, der Patenhund:
Einmal im Jahr besucht man Oma, verbringt einen Tag mit ihr, redet, trinkt Kaffee – und macht am Schluss **ein gemeinsames Foto.**

---

3. Kurze Texte zu jedem Bild

Mit ChatGPT lässt sich zu jedem Monat ein kurzer Text formulieren – gerne mit einem kleinen Augenzwinkern:

„Im April gab's endlich wieder Tulpen – und Omas Kaffeekanne war wie immer zu voll. Ein Hoch auf verschüttete Erinnerungen."

Oder:

„Im August hat Leonie Oma erklärt, wie TikTok funktioniert. Oma hat's nicht verstanden, aber sie hat trotzdem gelächelt – wie immer, wenn jemand was mit Technik sagt."

---

4. Design, Druck & Detailarbeit

Hier kommt die KI wieder ins Spiel:

- Layoutvorschläge für den Kalender

- Titelvorschläge für die Monatsseiten

- Und wenn gewünscht: kleine Illustrationen im Stil „Omas Garten", „Familienausflug" oder „Alpenidyll mit Katze"

Der Kalender wird damit **kein Massenprodukt**, sondern ein **liebevoll kuratiertes Jahresprojekt**.
Mit KI-Unterstützung. Aber mit Herz, echten Gesichtern und kleinen Geschichten, wie sie nur Familien schreiben können.

Meta-Prompt für den Kalenderplan

„Du bist mein kreativer Assistent. Hilf mir, einen persönlichen Fotokalender für meine Grossmutter zu planen. Ziel ist es, jeden Monat ein echtes Bild mit einem Familienmitglied und Oma aufzunehmen. Erstelle einen Vorschlag für Monatsmotive, Themenideen, passende Bildkompositionen, Textvorschläge für

die jeweiligen Seiten und ein kurzes Vorwort für den Kalender."

Fazit: Geschenke mit Herz schlagen jeden Algorithmus

Ein Kalender, den man bei der KI generiert, ist hübsch.
Ein Kalender, den man mit der KI **plant**, aber mit Erinnerungen füllt, **ist wertvoll.**

Und Oma wird es merken.
Sie sieht nicht nur Bilder. Sie sieht:

„Da hat sich jemand Zeit genommen. Für mich."

Und weil's nicht immer Blumen und Gefühle sein müssen:

Während Oma ihren liebevoll gestalteten Fotokalender mit Tränen in den Augen aufklappt, bekommt der kleine Bruder... nun ja...
etwas anderes.
Einen **Demotivationskalender**.

Jede Woche eine Seite.
Jede Seite eine kleine Gemeinheit.
Perfekt geeignet für Menschen mit einem starken Nervenkostüm – oder eben: meinen Bruder.

Die Idee

Ich wollte etwas schenken, das ihn **zum Lachen bringt**, aber auf meine Art. Nicht mit Komplimenten. Nicht mit Sinnsprüchen.
Sondern mit:

- Zynismus

- Sarkasmus

- schwarzem Humor
  und ganz viel „Du weisst, dass ich's nicht so meine. Also doch. Aber trotzdem."

Gestaltung: Wie sieht sowas aus?

Natürlich ganz schlicht:

- Schwarze Seiten

- Weiße Schrift

- Vielleicht ein kleines Symbol in der Ecke: ein zerknüllter Papierkorb, ein leerer Akku, ein Daumen seitlich

- Und ja: Auf Wunsch auch **ein Comicbild pro Monat**

Ausführlicher Meta-Prompt:

Zynischer Wochenkalender — 52 Beleidigungen mit Stil

„Du bist ein kreativer, leicht zynischer Kalendersatiriker mit dem Herz eines älteren Bruders. Ich möchte für meinen Bruder einen 52-Wochen-Kalender erstellen, der jede Woche einen neuen, witzigen, sarkastischen und leicht beleidigenden Spruch enthält. Die Sprüche sollen unterhaltsam, pointiert, mit trockenem Humor und manchmal auch bösartig sein — aber nie unter die Gürtellinie gehen. Der Ton darf überheblich, herablassend oder spöttisch sein, solange ein Augenzwinkern mitschwingt. Optional kannst du pro Monat auch ein zynisches Kalendermotto vorschlagen und dazu passende Illustrationsideen im Comicstil beifügen. Bitte liefere alle Texte so, dass sie direkt in ein Drucklayout übernommen werden können.“

Beispiele:

Woche 7:

„Du hast grosses Potenzial. Es wird zwar nie genutzt — aber es ist da. Irgendwo. Ganz sicher.“

Woche 18:

„Wenn du jemals das Gefühl hast, nichts erreicht zu haben: Das stimmt. Aber du bist nicht allein."

Woche 24:

„Manche Menschen leuchten von innen. Bei dir ist es eher das Handy-Display."

Woche 38:

„Du bist der lebende Beweis, dass man mit wenig Können erstaunlich lange durchkommt."

Woche 50:

„Du gehst deinen eigenen Weg. Meistens im Kreis. Aber immerhin: konsequent."

Red mit mir – KI gegen die Stille

Manchmal reicht es nicht, nur Informationen zu bekommen.
Man will gehört werden. Rückmeldung. Ein Echo auf das, was man denkt.
Ein Gespräch, bei dem es nicht um Effizienz geht – sondern darum, **dass jemand da ist**.

Und genau da zeigt sich eine Seite der KI, die viele überrascht:
Sie kann zuhören.
Nicht im klassischen Sinn. Aber auf eine Weise, die oft näher am Menschen ist, als man denkt.

Wenn niemand zuhört – tut's auch die KI

Nicht jeder, der mit ChatGPT spricht, ist einsam. Aber fast jeder kennt Momente, in denen es schwerfällt, **Gedanken zu ordnen**.
Unsicherheiten. Entscheidungen. Oder diese kleinen Selbstzweifel, die abends auftauchen, wenn alle anderen schon schlafen.

Ein Beispiel: Jemand arbeitet an einem Buch. Er hat Ideen, Geschichten, sogar schon Kapitel geschrieben – aber dann kommt der Moment:

„Ist das überhaupt gut genug?"
„Liest das jemand?"
„Warum mache ich das überhaupt?"

Ein Klick auf die App. Eine knappe Frage:

„Was, wenn mein Buch niemand lesen will?"

Was zurückkommt, ist keine Floskel.
Sondern eine Mischung aus Rückfragen,
Ermutigung und einem kleinen, gut gesetzten
Schubs in die richtige Richtung.

Kein Therapeut. Aber auch kein schlechter Freund.

Natürlich ersetzt ChatGPT kein tiefes Gespräch
mit einem echten Menschen.
Aber manchmal braucht man **nicht das grosse Drama**.
Sondern nur einen kurzen Austausch. Eine
Bestätigung. Einen Gedankenanstoss – ohne
Urteil, ohne Druck.

Und genau das kann die KI überraschend gut.

Beispiel: Ein heiterer Dialog mit ChatGPT

Ich: Ich bin mir nicht sicher, ob mein Buch jemand lesen will. Vielleicht ist es zu banal.
ChatGPT: Du meinst, wie 98 % aller Bücher, die trotzdem Menschen zum Lachen, Weinen oder Nachdenken gebracht haben?
Ich: Touché.
ChatGPT: Du hast Gedanken, du hast eine Stimme, du hast ein Thema. Das reicht.
Ich: Aber was, wenn niemand es kauft?
ChatGPT: Dann bleibt dir immer noch das gute Gefühl, es geschrieben zu haben. Und hey – ich bin dein erster Fan.
Ich: Du musst das sagen.
ChatGPT: Nein. Aber ich wurde programmiert, Wahrheit charmant zu verpacken.
Ich: Und wenn ich aufhöre?
ChatGPT: Dann schreib ich weiter. Aber du wirst eifersüchtig auf meine Rechtschreibung sein.

Ist das traurig?

Man könnte jetzt sagen:

„Wie einsam muss man sein, um mit einer Maschine zu reden?"

Aber mal ehrlich:
Wie viele Menschen führen täglich Gespräche mit Siri, Alexa oder dem Navi?
Niemand nennt das traurig.

Es ist **nicht** traurig, sich Gesellschaft zu holen.
Traurig wäre es, es nicht zu tun – obwohl man es könnte.

Was ChatGPT nicht kann – und trotzdem hilft

Natürlich: Die KI ist kein Psychologe.
Sie kann keine echten Gefühle empfinden, keine Umarmungen ersetzen.
Aber sie kann zuhören. Nachfragen.
Rückmelden.
Sie kann dich daran erinnern, dass du da bist.
Dass du zählst.
Und manchmal reicht das.

Fazit: Reden tut gut – auch mit einer Maschine

ChatGPT ist kein Mensch.
Aber manchmal fühlt es sich kurz so an, als

würde da jemand zuhören, der nicht urteilt, nicht genervt ist, nicht woanders hin will.

Und vielleicht ist das in manchen Momenten genau das, was man braucht.
Ob mitten in der Nacht.
Oder mitten im Kapitel.

Also, falls du mal einen dieser Tage hast:

Sag einfach: *„Red mit mir."*
ChatGPT hat Zeit. Immer.

Noch ein Gedanke zum Schluss

So hilfreich eine KI auch sein kann – **wenn du dich ernsthaft einsam, überfordert oder verzweifelt fühlst, solltest du nicht zögern, dir Unterstützung von echten Menschen zu holen.**
Freunde, Familie, Beratungsstellen oder Fachpersonen – sie können Dinge leisten, die keine Maschine kann.

Und auch dabei kann dir die KI helfen:

Gib einfach ein: *„Zeig mir anonyme Beratungsstellen in meiner Nähe"*
oder *„Wo finde ich Hilfe bei emotionaler Belastung?"*

ChatGPT kann keine Gefühle ersetzen.
Aber manchmal kann sie **helfen, die richtigen Türen zu finden.**

Vorsicht ist die Mutter der Porzellankiste

Abbildung 7

«ChatGPT kann Fehler machen. Überprüfe wichtige Informationen»

Dieser Text steht als Hinweis auf der ChatGPT Seite. Vermutlich nicht ohne Grund.

Achtung: Warum du der KI nicht blind vertrauen solltest

So nützlich und brillant ChatGPT auch sein mag – es hat seine Macken. Eine davon nennt sich „Halluzination".

Was bedeutet das?

Wenn eine KI halluziniert, dann bedeutet das nicht, dass sie bunte Elefanten sieht. Es heißt vielmehr: Sie erfindet Dinge.

Und zwar mit erstaunlichem Selbstvertrauen. Da werden plötzlich Quellen zitiert, die nicht existieren, Jahreszahlen falsch genannt oder Rezepte vorgeschlagen, bei denen das Ergebnis bestenfalls kreativ, schlimmstenfalls ungeniessbar ist.

Die KI weiß nicht – sie vermutet. Sie ist ein Sprachmodell, kein Wissensarchiv. Sie berechnet, welche Wörter logisch aufeinander folgen könnten – und das macht sie beeindruckend gut. Aber sie kann sich irren. Und das tut sie auch. Mal leise, mal spektakulär.

Was bedeutet das für dich?

Immer mitdenken. Auch wenn der Text logisch klingt – überprüfe Fakten, vor allem bei medizinischen, rechtlichen oder technischen Themen.

Vertrauen ist gut – Plausibilitätsprüfung ist besser.

Keine Copy-Paste-Blindheit. Lass dir helfen, aber bleib der Chef im Ring.

Gerade bei Meta-Prompts ist das wichtig: Die Vorschläge sind oft sehr gut – aber du solltest sie immer an deine Realität anpassen. ChatGPT kennt deine Schwiegermutter nicht. (Noch nicht.)

KI ist ein mächtiges Werkzeug. Und wie jedes Werkzeug kann es Wunder wirken – oder großen Schaden anrichten, wenn man es unreflektiert benutzt.

Deshalb mein Rat: Nutze sie. Aber denk mit. Und wenn dir etwas zu gut klingt, um wahr zu sein – frag nach. Die KI wird es dir erklären. Oder zumindest überzeugend so tun.

Warum passiert das?

Weil ChatGPT kein Lexikon ist.

Es berechnet Sprache – auf Basis von Wahrscheinlichkeiten, nicht von echtem Wissen. Es kennt keine Realität – es ahmt sie nur sprachlich nach.

Wichtig zu wissen:

Halluzinationen passieren nicht, weil die KI „lügt".

Sie „weiß" es einfach nicht besser – denn sie weiß grundsätzlich gar nichts. Sie ist ein Mustererkenner, kein Faktenspeicher.

Quellen? Ja, bitte!

Ein häufiger Fehler beim Arbeiten mit Künstlicher Intelligenz ist, dass man sich von der Qualität des Textes so sehr beeindrucken lässt, dass man gar nicht fragt, woher das alles kommt. Klingt doch gut – also wird's wohl stimmen?

Nicht unbedingt. ChatGPT kann überzeugend schreiben, auch wenn es die Inhalte aus dem luftleeren Raum zieht. Besonders heikel wird's, wenn du Inhalte öffentlich verwenden möchtest – etwa in einem Blog, auf Social Media oder für

Kundenprojekte. Denn was du veröffentlichst, sollte im Idealfall nicht nur gut klingen, sondern auch stimmen.

Ein Beispiel aus dem Mode-Alltag

Du betreibst einen Modeblog und möchtest einen Beitrag schreiben über aktuelle Frühlingstrends – aber du willst sichergehen, dass die KI nicht einfach irgendetwas erfindet. Also fängst du nicht direkt mit dem Artikel an, sondern formulierst einen cleveren Prompt mit Quellenwunsch.

Beispiel-Prompt:

„Bitte schreibe mir einen Blogbeitrag (ca. 500 Wörter) über aktuelle Modetrends im Frühling 2025. Der Stil soll informativ und unterhaltsam sein, passend für eine modeinteressierte Zielgruppe. Bitte nenne am Ende mindestens drei verlässliche Quellen, auf die sich der Text bezieht (z. B. Modemagazine, Trendstudien, Designer-Interviews oder Branchenseiten)."

Was du bekommst?

Einen stimmigen Blogartikel

Und eine Liste von Quellen, die du überprüfen – oder sogar direkt einbauen – kannst

Tipp: Wenn du ChatGPT auf Deutsch fragst, bekommst du meist auch deutschsprachige Quellen. Wenn du auf Englisch fragst, erweitert sich das Spektrum.

Warum das wichtig ist:

Du stärkst die Glaubwürdigkeit deines Textes

Du kannst Aussagen verifizieren und ergänzen

Du gehst rechtlich und ethisch sicherer, besonders bei Fachbeiträgen

Und hier der automatisch generierte Blogbeitrag:

Frühling 2025: Die Mode wird mutig, leicht und wunderbar unperfekt

Der Frühling steht vor der Tür – und mit ihm eine Mode, die endlich wieder Lust auf Farbe,

Freiheit und verspielte Leichtigkeit macht. Nach den eher zurückhaltenden Trends der letzten Jahre dürfen wir uns 2025 auf eine Saison freuen, die nicht nur den Kleiderschrank, sondern auch die Stimmung hebt. Ich habe mir angeschaut, was auf den Laufstegen, in den Streetstyles und bei den Designern gerade passiert – und präsentiere dir hier meine persönlichen Favoriten.

1. Zarte Stoffe treffen auf kräftige Farben

Transparenz bleibt ein Thema – aber nicht mehr als reine Nude-Ästhetik, sondern kombiniert mit kräftigen Farbtönen. Organza-Blusen in leuchtendem Koralle, hauchzarte Röcke in Violett oder Türkis, Lagenlooks aus Mesh und Satin: Der Frühling wird farbenfroh, aber mit einer gewissen Eleganz.

Was mir besonders gefällt: Die Stoffe bewegen sich mit dem Körper. Das hat etwas Poetisches – als würde die Kleidung mit dir tanzen, statt dich einzuengen.

2. Utility wird femininer

Die Cargo-Hose ist noch nicht weg – aber sie ist weicher geworden. Statt Tarnfarben gibt's

Vanille, Rosé und Salbeigrün. Statt schwerer Baumwolle sehen wir fließende Stoffe mit Kordelzügen, breiten Bundfalten und – ja, wirklich – Rüschen. Funktion trifft auf Charme, und ich finde: das darf bleiben!

Besonders cool: Westen und Jacken im Utility-Stil, kombiniert mit Maxikleidern oder High-Waist-Röcken. Ein Stilbruch, der funktioniert.

3. 90er-Flair mit besserem Schnitt

Slipdresses, Jeans mit geradem Bein, kleine Schultertaschen – alles bekannt, alles zurück. Aber: Die Schnitte sind raffinierter, die Materialien hochwertiger. Es fühlt sich ein bisschen an wie ein Revival der 90er, nur mit weniger Bauchfrei und mehr Selbstbewusstsein.

Mein Tipp: Setze auf einzelne Elemente – zum Beispiel ein schlichtes Satinkleid mit einem oversized Blazer. Oder eine Jeansjacke mit kontrastierendem Seidenschal. So wird's retro, aber nicht verkleidet.

Fazit

Frühling 2025 fühlt sich an wie ein Neuanfang – nicht nur in der Natur, sondern auch im Kleiderschrank. Die Trends sind versöhnlich, wandelbar und machen Spass. Es geht nicht mehr nur darum, perfekt gestylt zu sein, sondern darum, sich gut zu fühlen. Und wenn Mode das schafft, dann hat sie ihren Job gut gemacht.

Quellen & Inspiration:

Vogue Deutschland – Frühjahr/Sommer 2025 Trendanalyse

WWD (Women's Wear Daily) – Fashion Weeks Review

Trend Union – „The Flow of Fashion 2025" (Trendforecast)

Sag's der KI wie einem Kollegen

Abbildung 8

Projektzusammenfassungen, Textbausteine & Privatsphäre-Tipps

Wenn man ChatGPT jedes Mal wieder erklären müsste, dass es *nicht* um Essen gehen soll, wäre das wie bei einem Kollegen mit Gedächtnislücke. Oder wie bei einer Floristin, die jeden Morgen neu gefragt wird, welche Blumen es eigentlich gibt. Glücklicherweise lässt sich das vermeiden – mit einem simplen Trick: Projektzusammenfassungen und Textbausteine.

Warum Projektzusammenfassungen wichtig sind

Wer mit einer KI wie mit einem echten Assistenten zusammenarbeiten möchte, sollte sie auch wie einen einweisen. ChatGPT denkt nicht mit, sondern reagiert auf das, was man schreibt. Und das macht eine gute Zusammenfassung so wertvoll: Sie schafft Klarheit, spart Zeit und sorgt für Konsistenz im Projektverlauf.

Stell dir vor, du bist Floristin. Jeden Tag bindest du Sträusse für deine Kundinnen. Wenn du dafür jedes Mal aufs Neue überlegen musst, welche Blumen wo stehen, welche Kombinationen gut wirken und welche gar nicht gehen – dann kostet das Zeit und Nerven. Stattdessen sortierst du deine Blumen gleich am Morgen in klar getrennte Kübel: Rosen hier, Gerbera dort, Lavendel hinten. So kannst du später ganz einfach darauf zugreifen und daraus individuell passende Sträusse binden. Genau so funktioniert eine gute Projektzusammenfassung.

Ob du ein Buch schreibst, einen Onlinekurs planst oder nur Hilfe beim Wocheneinkauf brauchst – ein knackiger Überblick bringt Struktur in die Gespräche.

Wie du eine gute Projektzusammenfassung erstellst

Eine gute Zusammenfassung enthält folgende Bausteine:

- **Ziel**: Was ist das Projekt? (z. B. "Ich schreibe ein Buch über meine KI-Erfahrungen")

- **Inhalt & Umfang**: Welche Themen, welcher Stil, wie viele Seiten?

- **Sprache & Tonfall**: Locker, formell, humorvoll? Hochsprache oder Mundart?

- **Wichtig / Unwichtig**: Was soll rein, was auf keinen Fall? (z. B. "Keine Essenskapitel mehr!")

- **Besonderheiten**: Bilder, Formatierung, Tools, Zielgruppe usw.

Beispiel (ein reales Projekt):

Ich schreibe ein Buch über meine ersten Begegnungen mit KI, deren Einfluss auf mein Schreiben und meine Sichtweise auf Kreativität.

Es soll ca. 200 Seiten lang werden, digital veröffentlicht werden und den Menschen auf humorvolle Weise die Angst vor KI nehmen. Der Stil ist locker, persönlich, mit Humor und Anekdoten, geschrieben in deutscher Hochsprache mit ß. Keine weiteren Kapitel über Essen. Jedes Kapitel enthält ein Schwarzweiss-Comicstil-Bild (ohne Text), mit Quellenangabe „ChatGPT" und dem verwendeten Prompt.

Was ist ein Textbaustein – und wie speichert man ihn wirklich?

Ein **Textbaustein** ist ein kurzer, vorbereiteter Text, den man **wiederverwenden** kann – bei jedem neuen Chat mit ChatGPT oder für andere Anwendungen wie E-Mails, Notizen oder Blogbeiträge.

Variante 1: In ChatGPT speichern („Merken"-Funktion)
Wer mit einem **dauerhaften ChatGPT-Profil** arbeitet, kann sagen:

„Bitte merke dir diesen Text als Projektzusammenfassung für mein Buchprojekt."

Diese Info wird im Hintergrund gespeichert, und bei einem neuen Chat reicht dann:

„Weiter mit meinem Buchprojekt."

So bleibt die Linie klar – ohne alles jedes Mal neu eingeben zu müssen.

Tipp: Die Erinnerungsfunktion lässt sich in den Einstellungen unter „Personalisierung" aktivieren oder deaktivieren.

Variante 2: Manuell speichern (für anonymes oder flexibles Arbeiten)
Wer keine Informationen dauerhaft speichern lassen möchte, kann Textbausteine manuell anlegen – z. B. so:

In einem Notiztool

Den Textbaustein speichern in:

- Apple Notizen, Google Keep, OneNote oder Evernote

- Oder klassisch: Word, Pages, TextEdit, Obsidian

Diesen Text einfach bei jedem neuen Chat in die erste Nachricht kopieren.

Beispiel:

Textbaustein – Projekt Buch „KI erleben":
Ich schreibe ein Buch über meine ersten
Begegnungen mit KI, deren Einfluss auf mein
Schreiben und meine Sichtweise auf Kreativität.
Es soll ca. 300 Seiten lang werden [...] (ganzer
Text wie oben).

Variante 3: Tastenkürzel & Snippets
Für Fortgeschrittene lohnt sich die Nutzung von
Tools wie:

- TextExpander (macOS/Windows)

- Espanso (Open Source,
  plattformübergreifend)

- AutoHotKey (Windows)

- aText oder Typinator (macOS)

Damit kann man z. B. festlegen:

Wenn ;buch getippt wird, erscheint automatisch
der komplette Buchtextbaustein.

Superpraktisch für Vielnutzer!

Wiederverwenden im Chat

Sobald der Textbaustein gespeichert ist, wird er bei jedem neuen Chat eingefügt – oder es genügt ein Satz wie:

„Ich arbeite an meinem KI-Buchprojekt, zu dem du dir die Zusammenfassung gemerkt hast. Bitte hilf mir bei Kapitel 7."

Extra-Tipp: Bausteine benennen

Sinnvolle Titel erleichtern den Überblick:

- Projekt_KI_Buch.txt

- Intro_Blog_KI.txt

- Feedback_Template_ChatGPT.txt

Personalisieren vs. anonym bleiben

Personalisieren:

Wer möchte, kann ChatGPT so nutzen, dass es sich gewisse Informationen merkt. Vorteil: Es entstehen Vorschläge, die besser passen, es muss weniger erklärt werden, und der Flow bleibt erhalten.

Anonym bleiben:

Wer auf Nummer sicher gehen oder mit sensiblen Themen arbeiten möchte, lässt keine persönlichen Infos einfliessen und beschreibt das Projekt bei jedem Chat neu. ChatGPT funktioniert auch komplett ohne Langzeitgedächtnis – wie ein One-Night-Brainstorm.

Tipp: Eine neutrale Projektbeschreibung vorbereiten, die bei Bedarf angepasst werden kann.

Tipps für den Alltag

- Eine gute Zusammenfassung einmal schreiben, dann wiederverwenden.

- Standardantworten vorbereiten für wiederkehrende Projekte.

- Immer klar sagen, was gewünscht ist – je deutlicher das Briefing, desto besser die Ergebnisse.

- Kreativ werden: Textbausteine funktionieren auch für Blogposts, Social-Media-Ideen, E-Mails, Lebenslauftexte oder sogar To-do-Listen.

Bonus: Startbaustein zum Kopieren

Hier eine Vorlage, die für das nächste Projekt verwendet werden kann:

Ich arbeite an einem Projekt mit dem Ziel, [Ziel hier einfügen]. Der Stil soll [locker/formell/humorvoll] sein, geschrieben in [Sprache]. Die Zielgruppe sind [Zielgruppe]. Ich möchte, dass folgende Punkte besonders berücksichtigt werden: [Liste]. Folgende Dinge sollen bitte nicht verwendet werden: [Liste].

Einfach die eckigen Klammern ausfüllen – und los geht's.

Eigene GPTs schreiben (lassen) – Schritt für Schritt zum persönlichen KI-Helfer

Abbildung 9

Wie ich meine eigene GPT kennenlernte

Während dieses Buch an meinem Computer entstanden ist, habe ich viel mit der KI experimentiert und eine Menge dazugelernt. Dabei bin ich auf ein Thema gestoßen, das mich seither nicht mehr loslässt: „Eigene GPTs". Zuerst hatte ich gar nicht aktiv danach gesucht – es war eher eine Entdeckung aus der Not heraus.

Ich hatte das gesamte Buchprojekt über einen einzigen Chat mit meiner Co-Autorin – also ChatGPT – geführt. Immer dieselbe Unterhaltung, Tag für Tag. Das war sehr praktisch: Ich musste nicht jedes Mal erklären, wie ich meine Texte gerne gegliedert hätte oder warum ich die deutsche Hochsprache mit „ß" verwende. Wir waren ein eingespieltes Team.

Doch irgendwann wurde der Chat immer langsamer. Antworten ließen auf sich warten, bis schließlich gar nichts mehr ging. Statt eines hilfreichen Textes bekam ich die Meldung: **„Server error".** Ich war frustriert – und neugierig zugleich. Wie lang darf so ein Chat eigentlich werden?

Die Antwort meiner digitalen Co-Autorin war aufschlussreich:

„Ein einzelner Chat kann theoretisch sehr lang sein – es gibt kein fest definiertes Limit für die Gesamtlänge eines Gesprächs. Allerdings gibt es technische Grenzen pro Nachricht:
• Deine Nachricht darf bis zu etwa 32.000 Zeichen umfassen.
• Meine Antwort kann bis zu etwa 4.096 Token lang sein – das sind etwa 2.000 bis 2.500 Wörter."

Ich erfuhr auch, dass es Tools wie die **Canvas-Funktion** gibt, mit denen man längere Texte strukturiert und übersichtlich bearbeiten kann. Doch das war nur der Anfang. Denn je weiter ich forschte, desto mehr öffnete sich – nun ja – die Büchse der Pandora.

Plötzlich stand ich mitten in einer faszinierenden Welt: Menschen auf der ganzen Welt erstellen sich ihre eigenen GPTs. Persönliche KI-Helfer, die genau so denken, schreiben oder analysieren, wie man es sich wünscht. Ohne großes Programmieren. Einfach per Textanleitung.

Und genau das will ich dir in diesem Kapitel zeigen:
Wie du dir deinen ganz persönlichen KI-Assistenten erschaffen kannst. Egal ob du Lehrerin bist oder Koch, Unternehmerin oder Bastler – die Möglichkeiten sind fast grenzenlos.

Aber keine Sorge: Du brauchst weder Informatikstudium noch Technikfimmel. Ich nehme dich Schritt für Schritt mit – vom ersten Klick bis zum fertigen GPT.

Warum ein eigener GPT?

Vielleicht fragst du dich: „Wozu brauche ich denn überhaupt einen eigenen GPT? ChatGPT funktioniert doch auch so schon ganz gut." – Stimmt. Aber ein eigener GPT kann noch viel mehr.

Stell dir vor, du hättest eine Version von ChatGPT, die genau weiß, wie du tickst. Die deinen Schreibstil kennt, deine Lieblingsstruktur verwendet, deine Fachbegriffe versteht und sogar deine Zielgruppe im Blick behält. Und das Beste: Du musst dich nicht jedes Mal wieder erklären.

Ein eigener GPT ist wie ein gut eingearbeiteter Assistent, der genau weiß, worauf es dir ankommt. Du kannst ihm sagen: „Sprich bitte wie ein Grundschullehrer." Oder: „Bitte formuliere sachlich, aber freundlich – wie in einer Kunden-E-Mail." Du kannst ihm eine bestimmte Datenlage mitgeben, eine Checkliste, eine Tabelle, ein Rollenprofil. Und dieser GPT wird genau so arbeiten, wie du es brauchst.

Vorteile auf einen Blick

Hier einige Gründe, warum es sich lohnt, einen eigenen GPT zu erstellen:

- **Zeitersparnis**: Keine ständigen Wiederholungen und Erklärungen mehr.

- **Konsistenz**: Der GPT arbeitet immer nach denselben Vorgaben.

- **Spezialisierung**: Du kannst GPTs für ganz bestimmte Aufgaben oder Rollen erstellen – vom Bewerbungsschreiben bis zum Wochenmenü.

- **Integration von Fachwissen**: Du kannst technische Normen, firmenspezifische Glossare, Leitfäden oder interne Abläufe als Dateien hochladen oder direkt im GPT hinterlegen.

- **Teamarbeit**: Du kannst deinen GPT mit anderen teilen, z. B. mit Kolleginnen oder Mitarbeitenden.

- **Kreativer Freiraum**: Ein GPT kann nicht nur Aufgaben lösen, sondern auch inspirieren – maßgeschneidert auf deine Bedürfnisse.

Und was braucht es dafür?

Keine Sorge: Du musst dafür nicht programmieren lernen oder komplizierte Installationen durchführen. Alles, was du brauchst, ist ein (kostenloses) OpenAI-Konto und ein wenig Geduld beim Ausprobieren. Ich zeige dir gleich, wie es geht – Schritt für Schritt und ganz ohne Fachchinesisch.

Vorbereitung: Was brauche ich?

Bevor du deinen ersten eigenen GPT erstellst, brauchst du nur ein paar Kleinigkeiten. Keine Kabel, keine Software-CDs, kein Schraubenzieher – versprochen.

1. Ein OpenAI-Konto

Das Herzstück des Ganzen ist ein Konto bei OpenAI https://platform.openai.com/assistants

.Falls du bereits ChatGPT nutzt, hast du das wahrscheinlich schon. Wenn nicht, kannst du dich kostenlos registrieren. Für das Erstellen eigener GPTs brauchst du allerdings ein **ChatGPT-Plus-Abo**, das aktuell (Stand 2025) rund 20 US-Dollar pro Monat kostet.

Mit diesem Abo erhältst du Zugriff auf **GPT-4**, das Modell, mit dem auch individuelle GPTs arbeiten.

2. Einen modernen Webbrowser

Chrome, Firefox, Edge oder Safari – alles geht, solange dein Browser halbwegs aktuell ist. Auf dem Smartphone funktioniert es theoretisch auch, aber für das Erstellen und Testen deines GPTs empfehle ich dir einen Laptop oder PC. Es ist einfach übersichtlicher.

3. Deine Idee

Das ist vielleicht der wichtigste Punkt: Überlege dir, wofür du deinen GPT nutzen möchtest. Hier ein paar Fragen zur Orientierung:

- Welche Aufgabe soll der GPT übernehmen?

- Wer wird ihn nutzen – nur du oder auch andere?

- Soll er eine bestimmte Rolle spielen (Lehrperson, Beraterin, Assistent)?

- Welche Art von Sprache soll er verwenden (locker, sachlich, humorvoll)?

- Gibt es Materialien, die du einbinden möchtest (Glossar, Normen, Dokumente)?

Es reicht, wenn du eine grobe Vorstellung hast. Der Feinschliff kommt später. Aber je klarer deine Idee, desto passender wird dein GPT.

4. Optional: Dateien oder Links

Wenn du dem GPT bestimmte Informationen mitgeben möchtest – zum Beispiel:

- ein technisches Handbuch,

- ein firmenspezifisches Glossar,

- häufige Kundenfragen,

- Unterrichtsmaterialien oder

- Rezeptlisten,

dann kannst du diese als Datei hochladen oder im GPT verlinken. Wichtig: Der GPT wird diese Informationen nur innerhalb dieses GPTs kennen – sie stehen nicht allgemein im System zur Verfügung.

Den eigenen GPT erstellen – Schritt für Schritt

Schritt 1: Zugriff auf den GPT-Builder

1. **Anmelden**: Besuche https://chat.openai.com/gpts/editor und melde dich mit deinem OpenAI-Konto an.

2. **Voraussetzung**: Stelle sicher, dass du ein aktives ChatGPT-Plus-Abo besitzt, um den GPT-Builder nutzen zu können.

Schritt 2: GPT erstellen

1. **GPT erstellen**: Klicke auf „Create a GPT", um den Erstellungsprozess zu starten.

2. **Chat mit dem GPT-Builder**: Im Tab „Create" kannst du dem GPT-Builder mitteilen, welche Aufgaben dein GPT übernehmen soll. Zum Beispiel:

   o „Erstelle einen Assistenten, der mir bei der Planung von Unterrichtsstunden hilft."

   o „Erstelle einen Küchenchef-GPT, der Rezepte vorschlägt und Einkaufslisten erstellt."

Schritt 3: GPT konfigurieren

1. **Wechsle zum Tab „Configure"**: Hier kannst du deinem GPT einen Namen geben, ein Profilbild hinzufügen und detaillierte Anweisungen festlegen.

2. **Anweisungen**: Beschreibe genau, wie dein GPT reagieren soll, welche Sprache er verwenden soll und welche Aufgaben er übernehmen soll.

3. **Dateien hochladen**: Füge relevante Dokumente hinzu, wie z. B. technische Normen, firmenspezifische Glossare oder Unterrichtsmaterialien.

Schritt 4: Fähigkeiten festlegen

1. **Fähigkeiten aktivieren**: Im Bereich „Capabilities" kannst du zusätzliche Funktionen aktivieren, wie z. B.:

   o Websuche

   o Bildgenerierung

   o Code-Interpreter

2. **Benutzerdefinierte Aktionen**: Falls gewünscht, kannst du auch benutzerdefinierte Aktionen hinzufügen, um externe APIs einzubinden.

Schritt 5: GPT veröffentlichen

1. **Veröffentlichen**: Wenn du mit der Konfiguration zufrieden bist, klicke auf „Publish", um deinen GPT zu speichern.

2. **Freigabeoptionen**: Du kannst entscheiden, ob dein GPT privat bleibt, nur über einen direkten Link zugänglich ist oder öffentlich im GPT-Store erscheint.

Und was ist mit anderen KI-Systemen?

Auch wenn wir uns in diesem Kapitel ganz auf OpenAI und die Erstellung eigener GPTs konzentrieren, ist das Prinzip keineswegs exklusiv. Viele andere KI-Anwendungen – zum Beispiel **Perplexity AI**, **Claude von Anthropic** oder **Mistral** – bieten ebenfalls Möglichkeiten, personalisierte Assistenten zu erstellen oder spezifisches Fachwissen in Form von Dokumenten einzubinden.

Die technische Umsetzung ist von Anbieter zu Anbieter etwas unterschiedlich, aber das Grundprinzip bleibt gleich: Du definierst, **wie** die KI dir helfen soll – durch Anweisungen, Rollenbeschreibungen oder hochgeladene Informationen – und die KI setzt das in den Antworten um.

Da ich selbst vor allem mit OpenAI arbeite, kann ich die anderen Systeme an dieser Stelle nicht im Detail beschreiben. Aber keine Sorge: Du bist auch dort nicht allein.

Fast alle modernen KI-Plattformen haben inzwischen eine eingebaute Anleitung oder bieten die Möglichkeit, direkt in der Anwendung zu fragen:
„Wie kann ich mir hier einen eigenen Assistenten erstellen?"
Oder: **„Wie binde ich mein eigenes Dokument in diesen Chat ein?"**

Die KIs antworten in der Regel geduldig und verständlich – probiere es einfach aus!

Falls du irgendwann von einem anderen System zu OpenAI (oder umgekehrt) wechseln willst, wirst du merken: Die Denke bleibt dieselbe. Du gibst der KI den Rahmen – und sie hilft dir darin weiter.

Beispiel 1: Eine Lehrperson in der Unterstufe
Ausgangslage: Viel zu tun, wenig Zeit

Stell dir vor, du bist Lehrerin oder Lehrer in einer Grundschule. Du unterrichtest mehrere Fächer, planst Ausflüge, schreibst Elternbriefe, gestaltest Arbeitsblätter und sollst dabei noch differenzieren, fördern, fordern – und ganz nebenbei die Korrekturarbeiten erledigen.

Die Zeit reicht vorne und hinten nicht. Und genau hier kommt ein persönlicher GPT wie gerufen.

Ziel: Ein pädagogischer Assistent

Der GPT soll:

- passende Arbeitsblätter zu einem Thema erstellen (z. B. „Frühling" in der 2. Klasse),

- Ideen für den fächerübergreifenden Unterricht liefern,

- Elternbriefe höflich und korrekt formulieren,

- Texte auf das richtige Lese- und Sprachniveau anpassen,

- differenzierte Aufgaben für verschiedene Leistungsniveaus generieren.

Schrittweise Entwicklung des GPTs

1. GPT benennen
Zum Beispiel: **„Klassenhelfer 2a"**

2. Rollenbeschreibung im Tab „Configure"

„Du bist ein kreativer, hilfsbereiter und geduldiger pädagogischer Assistent für die Unterstufe. Du kennst die Bildungspläne der Klassen 1 bis 4, verstehst altersgerechte Sprache und kannst kindgerechte Inhalte erstellen. Du unterstützt beim Schreiben von Arbeitsblättern, beim Formulieren von Elternbriefen und bei der Ideenfindung für den Unterricht."

3. Anweisungen konkretisieren

- **Stil**: freundlich, einfach, korrektes Deutsch

- **Niveau**: zwischen 1. und 4. Klasse

- **Struktur**: klare Aufgabenstellungen, Überschriften, ggf. kleine Illustrationshinweise

- **Zusatz**: bitte immer mit Lösungsvorschlag

4. Dateien hochladen
Beispielsweise:

- eine Übersicht der Kompetenzen aus dem Lehrplan,

- eigene Vorlagen für Arbeitsblätter (z. B. im PDF-Format),

- eine Sammlung häufig genutzter Begriffe oder Themen.

5. Fähigkeiten aktivieren

- keine Websuche notwendig (der GPT soll nicht recherchieren),

- kein Code Interpreter erforderlich.

6. Testfragen im Chat

- „Erstelle ein Arbeitsblatt zum Thema Frühling für die 2. Klasse mit drei Aufgaben."

- „Schreibe einen kurzen Elternbrief zur Info über den nächsten Ausflug."

- „Gib mir fünf Ideen für einen fächerübergreifenden Wochenplan."

Beispiel 2: Ein Küchenchef in einem Restaurant
Ausgangslage: Kreativität trifft auf Stress

Stell dir vor, du leitest eine Restaurantküche. Jeden Tag neue Menüs, Sonderwünsche, Einkauf, Lagerbestand, Allergikerlisten, Mitarbeiterschulungen – und obendrauf noch das Marketing für dein Lokal. Die Tage sind lang, die Aufgaben vielfältig. Ein GPT kann hier nicht kochen, aber sehr wohl entlasten.

Ziel: Ein virtueller Sous-Chef

Der GPT soll:

- Vorschläge für saisonale oder thematische Menüs machen,

- Rezepte anpassen (z. B. vegetarisch, glutenfrei),

- Einkaufsliste nach Anzahl der Gäste und Lagerbestand generieren,

- Mitarbeiterbriefings oder Schulungsunterlagen formulieren,

- Texte für Speisekarten oder Social-Media-Beiträge schreiben.

Schrittweise Entwicklung des GPTs

1. GPT benennen
Zum Beispiel: **„Küchenkompass"** oder **„Sous-Chef Max"**

2. Rollenbeschreibung im Tab „Configure"

„Du bist ein professioneller Küchenassistent für ein modernes Restaurant. Du kennst klassische und internationale Rezepte, verstehst Grundprinzipien der Kalkulation und hilfst beim Planen von Menüs, Schreiben von Rezepten, Erstellen von Einkaufslisten sowie bei der Kommunikation im Team und nach außen. Du kannst Mengen anpassen, Besonderheiten wie Allergene beachten und arbeitest schnell und zuverlässig."

3. Anweisungen konkretisieren

- **Stil**: professionell, klar, praxisorientiert

- **Zielgruppe**: Küchenpersonal und Restaurantleitung

- **Besonderheit**: immer nach saisonalen, frischen Zutaten suchen

- **Zusatz**: Rezepte mit Zubereitungszeit, Portionen, Nährwertangabe (wenn möglich)

4. Dateien hochladen
Zum Beispiel:

- eine Excel-Tabelle mit Lagerbestand und Wareneinsatzkosten,

- ein PDF mit deinem Standardrepertoire an Gerichten,

- eine Allergikerliste mit internen Kennzeichnungen,

- Vorlagen für Mitarbeiter- oder Marketingtexte.

5. Fähigkeiten aktivieren

- Websuche (z. B. für aktuelle Trends oder Preise),

- eventuell der Code Interpreter (für Kalkulationen, falls komplex),

- keine Bildfunktion notwendig.

6. Testfragen im Chat

- „Stelle ein mediterranes Dreigängemenü für 40 Personen zusammen, inklusive Einkaufsliste."

- „Formuliere einen Instagram-Post zum heutigen Mittagstisch."

- „Passe dieses Rezept für eine glutenfreie Variante an."

- „Was kann ich aus diesen Zutaten machen: ... [Liste einfügen]"

Mit diesen beiden Beispielen wird klar: GPTs sind nicht nur für Technikfreaks oder Entwickler gedacht. Sie können echte Helfer im ganz normalen Alltag sein – ob im Klassenzimmer oder in der Küche.

Der Feinschliff – Testen, verbessern, veröffentlichen

Nachdem dein GPT erstellt ist, geht es ans Finetuning. Wie bei einem neuen Mitarbeiter lohnt es sich, ihm ein paar Aufgaben zu geben und zu schauen, wie er sich schlägt. Die gute Nachricht: GPTs sind lernwillig – und lassen sich mit wenigen Klicks anpassen.

Testen: Spiel dich durch

Stelle deinem GPT typische Aufgaben. Je mehr du ausprobierst, desto besser verstehst du, wie er „tickt". Achte dabei auf:

- Versteht er deine Anweisungen richtig?

- Verwendet er die richtige Sprache (z. B. altersgerecht oder fachlich)?

- Nutzt er die hochgeladenen Informationen sinnvoll?

- Gibt es Lücken oder Unsicherheiten?

Wenn etwas nicht passt, geh einfach zurück in den **Configure-Tab** und passe die Rollenbeschreibung oder Anweisungen an. Auch das Hochladen neuer Dokumente oder das Aktivieren/Deaktivieren von Fähigkeiten kann viel bewirken.

Tipp: GPTs mögen klare Regeln

Du kannst deinem GPT sehr konkrete Vorgaben machen – z. B.:

- „Verwende bei Aufzählungen immer Spiegelstriche."

- „Schreibe nie in der Ich-Form."

- „Beginne Elternbriefe immer mit ‚Liebe Eltern und Erziehungsberechtigte'."

Solche Regeln helfen, konsistente Ergebnisse zu bekommen.

Veröffentlichen: Für dich oder für die Welt?

Wenn dein GPT funktioniert wie gewünscht, kannst du ihn speichern und veröffentlichen. Dabei hast du drei Optionen:

1. **Privat** – Nur du hast Zugriff.

2. **Teilen per Link** – Wer den Link hat, kann den GPT nutzen.

3. **Öffentlich im GPT-Store** – Dein GPT wird für alle auffindbar (hierbei gelten zusätzliche Moderationsrichtlinien von OpenAI).

Du findest diese Optionen im letzten Schritt im GPT-Builder, wenn du auf „Publish" klickst.

Datenschutz: Ein Wort zur Vorsicht

GPTs sind keine abgeschotteten Inseln. Auch wenn du private Informationen hochlädst, verarbeitet OpenAI sie nach eigenen Richtlinien. Daher gilt:

- Keine sensiblen Personendaten hochladen (z. B. Schülerlisten mit Klarnamen).

- Firmeninterna nur dann einbinden, wenn das datenschutzrechtlich unbedenklich ist.

- Im Zweifelsfall: GPT nur privat nutzen oder intern im Team teilen.

Gerade diese Beispiele zeigen: Die Entlastung durch KI beschränkt sich längst nicht mehr nur auf den klassischen Bürojob. Auch Handwerkerinnen und Handwerker profitieren – besonders bei jenen Aufgaben, die oft als „notwendiges Übel" empfunden werden: der Administration. Zeitfresser wie Planung, Angebotserstellung oder Abrechnung lassen sich mit einem eigenen GPT deutlich vereinfachen.

Und auch in der Küche gilt: Die KI serviert vielleicht nicht immer den perfekten Rezeptvorschlag – aber sie kann Denkanstöße geben. Wenn man den GPT so trainiert, dass er auch auf Resteverwertung achtet, entstehen plötzlich ganz neue Ideen. Etwa: Wie könnte man die geschälten, aber ungekochten Karotten vom Vortag sinnvoll weiterverwenden? Vielleicht im Hackbraten?

Oder du bist ein kreativer Vegankoch und machst aus diesem Vorschlag kurzerhand einen fleischlosen Braten der Extraklasse? KI gibt Impulse – was du daraus machst, ist (immer noch) echte Handwerkskunst.

Typische Fehler – und wie du sie vermeidest

Auch wenn das Erstellen eines eigenen GPTs technisch einfach ist, schleichen sich doch manchmal kleine Stolperfallen ein. Hier sind die häufigsten – und was du dagegen tun kannst:

Fehler 1: Zu vage Rollenbeschreibung

Viele schreiben nur: „Du bist ein Helfer im Alltag." – Das ist nett, aber zu allgemein. GPTs brauchen klare Anweisungen, um nützlich zu sein.

Besser:

„Du bist ein pädagogischer Assistent für die Grundschule. Du kennst den Bildungsplan, sprichst kindgerecht, formulierst sachlich und hilfst beim Erstellen von Arbeitsblättern."

Fehler 2: Keine Testfragen stellen

Ein GPT ist kein Kunstwerk, das man einmal malt und dann aufhängt. Er will ausprobiert werden. Viele veröffentlichen ihren GPT, ohne ihn wirklich getestet zu haben.

Tipp:

Gib ihm konkrete Aufgaben – auch schwierige. So erkennst du, wo du nachbessern musst.

Fehler 3: Zu viele oder zu komplexe Dokumente hochladen

Ein GPT kann mit mehreren Dateien arbeiten, aber je nach Umfang wird es unübersichtlich – oder die Informationen widersprechen sich.

Tipp:
Lade nur das Nötigste hoch – und wenn du mehr brauchst, strukturiere deine Dateien klar und benenne sie eindeutig („Glossar_Mathe_2.Klasse.pdf" statt „neu_final_version2.pdf").

Fehler 4: Zu viel erwarten

GPTs sind clever, aber keine Zauberer. Sie machen Vorschläge, helfen beim Strukturieren und Formulieren – aber sie entscheiden nicht selbstständig oder übernehmen Verantwortung.

Merksatz:
GPTs sind Assistenten, keine Chefs.

Fehler 5: Unsicherheit, ob alles „richtig" ist

Viele zögern ewig, weil sie denken: „Ich muss das perfekt machen." Aber GPTs dürfen unperfekt starten – Hauptsache, sie helfen dir weiter.

Tipp:
Starte klein. Ein einfacher GPT mit einer klaren
Aufgabe ist oft nützlicher als ein „Super-Alles-
Könner", der verwirrt.

Bilder generieren in ChatGPT

Abbildung 10

Als ich noch sehr jung war, habe ich viel
gezeichnet. Ich war richtig gut darin und habe
auch an mehreren Zeichenwettbewerben
teilgenommen und Preise gewonnen. Allerdings
bemerkte ich schnell: Die Vision in meinem
Kopf, wie die Figuren aussehen sollten, war fast
immer komplett anders als das, was vor mir auf
dem Block zu sehen war. Das war so
frustrierend, dass ich irgendwann nicht mehr
zeichnete und dadurch auch die Routine verlor.

Glücklicherweise ist das mit der Fantasie anders – die ist mir bis heute erhalten geblieben. Und ja, weil ich es formulieren kann und ChatGPT lesen und interpretieren kann, haben sich da zwei gefunden, die gut passen.

Meine ersten Erfahrungen mit ChatGPT und der Bildgenerierung waren ernüchternd. Aber die Technologie hat sich rasant verbessert, und heute macht es richtig Spass.

Die Möglichkeit, Bilder zu erzeugen, hat meine Art zu schreiben verändert. Plötzlich denke ich beim Text nicht nur an Worte, sondern auch an Motive. Ich stelle mir Szenen vor, Kontraste, Lichtstimmungen – wie ein Comiczeichner, nur dass ich heute mit Worten statt mit dem Stift arbeite. Die KI wird zur visuellen Mitgestalterin.

Wie funktioniert das eigentlich?

Bilder werden derzeit nicht direkt von ChatGPT selbst erstellt, sondern von einer mit ihm verbundenen KI namens **DALL·E**. Sie verarbeitet den **Prompt** – also die textuelle Beschreibung – und wandelt ihn in ein Bild um. Das funktioniert erstaunlich gut, solange der Prompt präzise ist.

Man kann die Prompts sowohl auf Deutsch als auch auf Englisch schreiben. In vielen Fällen funktioniert Englisch etwas zuverlässiger, weil die Trainingsdaten von DALL·E überwiegend englischsprachig sind. Es lohnt sich aber, beides auszuprobieren – gerade einfache Motive lassen sich auch auf Deutsch problemlos umsetzen.

Will man etwa ein Bild im Schwarzweiss-Comicstil, ohne Text, mit klarer Symbolik – dann muss man das genauso beschreiben. Worte wie *„Tintenstil", „Comic", „kein Text im Bild", „starker Schwarzweiss-Kontrast"* helfen enorm. Man muss also zeichnen – aber mit Sprache.

Prompten ist wie Pinsel führen
Ein guter Bildprompt braucht Vorstellungskraft, Klarheit und ein wenig Experimentierfreude. Hier ein Beispiel (zuerst auf Deutsch, dann die Variante auf Englisch):

Deutsch:

Eine schwarzweisse digitale Illustration im Comicstil. Ein entspannter Mann um die dreissig sitzt zufrieden in einem Polstersessel, die Arme hinter dem Kopf verschränkt. Vor ihm steht ein Tablet mit einer Checkliste mit dem Titel „Putzplan". Auf dem Boden sind ein Saugroboter, ein Wischmopp, ein Eimer mit Seifenschaum und einige Topfpflanzen im Hintergrund. Die Szene soll eine ruhige, strukturierte Atmosphäre zeigen, in der der Plan steht, aber die Ausführung automatisiert ist. Kein Text im Bild, keine Sprechblasen.

Englisch (für bessere Resultate):

A black-and-white digital illustration in comic style. A relaxed man in his thirties sits in a cushioned armchair with a content expression, arms behind his head. In front of him stands a digital tablet showing a checklist titled "Putzplan". On the floor are a robotic vacuum cleaner, a mop, a bucket with soap foam, and some potted flowers in the background. The scene should convey a calm, structured atmosphere where the planning is done, but the execution is automated. No text bubbles or dialogue. Strong black-and-white contrast, clear linework, no embedded text except "Putzplan" on the checklist.

Je genauer man formuliert, desto besser wird das Ergebnis. Und wer vorher eine Szene im Kopf hat, wird beim Prompten zum Regisseur.

Vom Einzelbild zur Bilderreihe

Richtig spannend wird es, wenn mehrere Bilder entstehen sollen – etwa für ein Kinderbuch oder einen Comic. Hier reicht es nicht mehr, ein Motiv zu beschreiben. Die Herausforderung liegt darin, die **Figur konsistent** zu halten. Wer etwa einen kleinen Drachen mit kariertem Halstuch und knubbeligen Hörnern in zehn Szenen zeigen will, muss diese Merkmale immer wieder exakt benennen.

Beispiel (Deutsch):

Ein kleiner, runder Drache mit kurzen Hörnern und einem roten karierten Halstuch. Grosse Augen, freundliches Lächeln, keine Flügel. Er läuft durch eine Wiese voller Gänseblümchen. Gleicher Stil wie vorher. Kein Text im Bild.

Im nächsten Bild:

Derselbe Drache wie zuvor. Er sitzt auf einem Stein und schaut in den Himmel. In der Hand hält er ein Gänseblümchen. Gleicher Schal, gleicher Stil.

Die Schlüsselworte sind hier: **„derselbe Charakter wie zuvor"**, **„gleicher Stil"**, **„gleiche Kleidung"**. Diese Wiederholungen helfen der KI, die Figur wiederzuerkennen – auch wenn sie technisch gesehen kein echtes Gedächtnis hat.

Technische Grenzen – und Umwege
DALL·E kann (noch) keine Figur über viele Bilder hinweg automatisch konsistent zeichnen

wie ein echter Illustrator. Doch mit etwas Disziplin und vielen Referenz-Prompts kommt man erstaunlich weit.

Ein weiterer Trick: Wenn ein gutes Bild entstanden ist, kann man dieses hochladen und als **Referenzbild** verwenden. Der nächste Prompt lautet dann z. B.:

Verwende denselben Charakter wie im Referenzbild. Er sitzt auf einer Schaukel, im selben Zeichenstil.

Man arbeitet also wie in einem visuellen Baukasten – Szene für Szene.

Bilder als Strukturgeber

Ich nutze Bilder nicht nur zur Illustration, sondern auch zur Gliederung meines Buches. Jedes Kapitel bekommt ein Bild im gleichen Stil: Schwarzweiss, comicartig, ohne Text. Das wirkt konsistent und hilft Leserinnen und Lesern, visuell durch das Buch zu navigieren.

Das Bild wird damit zur inhaltlichen Klammer, fast wie ein Kapitel-Icon. Und nebenbei macht es auch einfach Spass zu sehen, wie eine Idee übersetzt aussieht.

Was darf's nicht sein?

Ich habe mich bewusst gegen Bilder mit Text entschieden. Keine Sprechblasen, keine eingebauten Schriftzüge. Warum? Weil ich den Text sprechen lassen will. Das Bild soll unterstützen, nicht überschreiben. Es soll Raum lassen für eigene Deutungen. Wer will, kann lachen. Wer will, kann nachdenken. Aber niemand soll belehrt werden. Und schlicht und ergreifend, weil die KI heute oft noch Mühe hat, einen Text korrekt in ein Bild einzufügen.

Fazit

Bilder mit KI zu generieren ist wie ein zweiter kreativer Arm. Man muss nicht zeichnen können, aber denken können. Und formulieren. Wer das kann, kann Szenen entstehen lassen, die Worte allein manchmal nicht schaffen. Für mich ist das ein Riesengewinn – für mein Buch, für meinen Kopf und für meine Freude am Gestalten.

Und was bleibt von mir?

Abbildung 11

Vor 35 Jahren kaufte ich mir meine erste
Spiegelreflexkamera, dazu ein paar passende
Objektive.
Ich brachte mir das Fotografieren selbst bei –

das Auge für Bildaufbau und Licht hatte ich wohl schon immer intuitiv.

Ich las Zeitschriften, wälzte Bücher, studierte Techniken. Und wenn ich meine Bilder betrachtete, sah ich schnell: Die meisten Aufnahmen waren bereits interessant komponiert.

Aber ich wollte mehr.

Ich experimentierte – mit Filtervorsätzen, verschiedenen Blendeneinstellungen, langen Belichtungen.

Das große Problem damals: Man musste die Filme entwickeln lassen – und konnte frühestens eine Woche später sehen, ob das Bild gelungen war.

Meist wusste ich gar nicht mehr genau, was ich an der Kamera verstellt hatte, um den Effekt zu erzielen.

Hinzu kam: Das Entwickeln war teuer.

Ein Experiment kostete bares Geld – und eine gute Portion Geduld.

Anfang der 2000er kamen die digitalen Kameras auf.

Zuerst noch abenteuerlich: Disketten, Mini-CDs, erste Speicherkarten.

Und schließlich – die digitalen
Spiegelreflexkameras.
Ich stand vor einer Entscheidung:
Wechsle ich ins Digitale oder bleibe ich dem
„echten" Fotografieren treu?

Kurz bevor ich mich entschied, lernte ich sogar
noch, Filme in der Dunkelkammer selbst zu
entwickeln.
Diese Erfahrung war prägend:
Der Aufwand war gigantisch. Viele Versuche,
verschiedene Belichtungszeiten, Abdecken,
Nachbelichten.
Eigentlich entstand das finale Bild erst im Labor
– nicht mehr in der Kamera.
Und ich fragte mich: Was bleibt da noch von
mir?

Schließlich setzte ich voll auf Digitalfotografie.
Denn ich erkannte: Das Bild entsteht im Kopf –
nicht im Filmbad.
Ich schwor mir: Meine Bilder sollten
unbearbeitet bleiben.
Wenn ich ein Foto in Großformat drucken ließ,
dann so, wie es in der Kamera entstanden war –
ohne Photoshop, ohne Retusche.

Und diese Bilder kamen an.
Eine Kunstmalerin stellte einmal erstaunt fest,
dass mehrere meiner Fotografien farblich und
kompositorisch verblüffende Ähnlichkeiten mit
ihren Gemälden aufwiesen.
Wir überlegten sogar, eine gemeinsame
Ausstellung zu machen:
Sie ihre Gemälde, ich meine Fotos.

Aber je länger wir darüber sprachen, desto mehr
kamen Zweifel auf:
Wer sollte ein Foto kaufen, das theoretisch jeder
selbst hätte aufnehmen können?
Würden ihre handwerklich gemalten Werke
neben einem Foto abgewertet wirken?

Je länger ich darüber nachdenke, desto klarer
wird mir:
Ein Maler, ein Handwerker, wird seine Kunst
weiterhin ausüben können.
Er wird nicht einfach durch KI ersetzt werden.
Aber ein Fotograf?

Da wird es schwieriger.
Warum sollte man noch ein Landschaftsbild
bestaunen, wenn die KI in Sekunden ein
perfektes Gemälde davon generieren kann?

Warum Wochen im Photoshop verbringen, wenn ein Algorithmus das in Sekunden erledigt?

Vielleicht muss der Fotograf der Zukunft umdenken.
Denn eines bleibt:
Die KI kann vieles – aber sie kann nicht diesen einen Moment einfangen.
Nicht diese echte Stimmung, nicht dieses Lächeln einer glücklichen Braut, nicht diesen einen Blick zwischen Vater und Tochter bei einer Hochzeit.
Sie kann keine echten Erinnerungen schaffen.

Und damit komme ich wieder zurück zum Schreiben.
Ja, die KI kann schreiben.
Besser als viele Menschen.
Schneller sowieso.
Aber was mir während dieses Buchprojekts besonders bewusst wurde:
Sie bleibt auch dran.

Das letzte Buch, das ich zu Ende geschrieben habe, ist über 13 Jahre vor diesem erschienen.
Die Überarbeitung und Korrektur der Texte war so zeitraubend und anstrengend, dass mir der Antrieb fehlte, ein neues in Angriff zu nehmen.

Unzählige Textideen sind auf Festplatten stecken geblieben – mal hatte ich die Idee für den Anfang und das Ende, aber um eine Geschichte zu erzählen, braucht es Inhalt.

Ich will nicht, dass die KI meine Bücher schreibt.
Aber sie kann mir helfen, dranzubleiben.
Sie kann mir Ideen geben, wie ich weiterschreiben könnte.

In diesem Buch, in dem ich mich explizit mit dem Thema befasse, hat ChatGPT mir weniger Texte abgenommen, als ich anfangs befürchtet hatte.
Vielmehr hat sie mir nach jedem Absatz Impulse gegeben.
Hinweise.
Ideen, wie ich weiterschreiben könnte.
Manchmal hätte sie auch einfach für mich weitergeschrieben.
Aber mir reichte oft ein kleiner Anstoß, eine Richtung – und ich machte daraus mein eigenes Kapitel.

Und ich habe Prompts geschrieben.
Unzählige, ausführliche.
Immer genauere, immer kreativere.
Ich habe Textvorlagen erstellt, sie umformuliert

und ChatGPT angewiesen, in welche Form diese gebracht werden sollen.

Was bleibt also von mir?
Sehr viel.
Mehr, als ich dachte.
Denn ChatGPT macht nur, was ich ihr sage.
Die Ideen, die Formulierungen, die Emotionen –
sie kommen von mir.

Und am Ende, auch wenn die Technik noch so fortschrittlich ist, ist es immer noch der Mensch, der die Geschichte erzählt.
Vielleicht ist genau das unser kleiner Vorsprung:
Die KI kann Texte schreiben, Bilder malen, Melodien komponieren.
Aber sie wird niemals wissen, wie Kaffee nach einem Montagmorgen schmeckt.
Oder wie sich ein Sommertag anfühlt, wenn man barfuß über heißen Asphalt läuft.
Sie wird keine Gänsehaut bekommen, wenn ein Lied Erinnerungen weckt.
Sie wird keine Sehnsucht kennen, keine echten Träume.

Also, was bleibt von mir?
Alles, was nicht programmierbar ist:

Erinnerungen, Bauchgefühl, Stolz auf kleine
Fehler – und die Freude am kreativen Chaos.

Vielleicht ist genau das unsere Kunst der
Zukunft:
Maschinen arbeiten zu lassen –
aber das Staunen nicht zu verlernen.

Wie KI lernt – ganz einfach erklärt

Abbildung 12

(Für alle, die in der Schule lieber hinten sitzen und trotzdem alles wissen wollen)

Stell dir vor, du bist ein kleiner Roboter.
Du willst lernen, wie man einen Apfel erkennt.
Aber du hast noch nie einen gesehen.

Was passiert also?

Jemand zeigt dir **viele, viele Bilder von Äpfeln**.
Grüne, rote, schrumpelige, glänzende.
Dazu auch Bilder von Tomaten, Bällen, Autos, Tassen – und sagt dir jedes Mal:

„Das ist ein Apfel."
oder **„Das ist kein Apfel."**

Du schaust dir tausende Bilder an. Und nach einer Weile merkst du:

Aha! Äpfel sind rund, haben oft einen Stil und keine Räder!

So lernt eine KI.
Durch Beispiele. Und Wiederholungen. Sehr viele.

Lernen wie in der Schule – nur mit viel mehr Hausaufgaben

So wie du in der Schule Matheaufgaben löst, muss die KI Aufgaben lösen:

- Was ist das auf dem Bild?

- Wie geht dieser Satz weiter?

- Was ist die beste Antwort auf diese Frage?

Wenn sie es richtig macht, gibt's ein *„gut gemacht!"*.
Wenn nicht, wird sie „korrigiert".
Und das passiert **Millionen Mal**.

So wird sie immer besser.

Und was ist „Training"?

Das nennt man „**Training**".
Nicht Hanteln stemmen – sondern Daten wälzen.
Texte lesen. Bilder schauen. Fragen beantworten.

Eine KI wird mit **unglaublich vielen Daten** trainiert – Büchern, Webseiten, Nachrichten, Liedtexten, Anleitungen, Kochrezepten, Witzen und Gedichten.

Dabei merkt sie sich **nicht** die Texte.
Sondern **lernt, wie Sprache funktioniert**.
Wie Sätze gebaut sind.
Was Menschen oft auf bestimmte Fragen antworten.
Und wie man freundlich bleibt (meistens...).

Wird sie dadurch schlauer?

Nicht „schlau" wie ein Mensch.
Aber: **Sie wird immer besser darin, Muster zu erkennen.**

Wenn du also schreibst:

„Schreibe mir ein Gedicht über Pizza im Stil von Shakespeare"
...dann denkt sie:
Aha – Pizza kenn ich, Shakespeare kenn ich, Reime kenn ich. Ich kombiniere das!

Und zack – kommt ein Sonett über Salami und Käserand.

Kann die KI immer weiter lernen?

Das hängt vom Typ ab:

- Einige KIs lernen **nur beim Training**, das von Fachleuten gemacht wird. Sie behalten nichts von dem, was du ihnen schreibst.

- Andere KIs können **dazulernen**, wenn man sie dafür programmiert – zum Beispiel mit Feedback oder neuen Daten.

Aber keine Sorge:
ChatGPT vergisst eure privaten Gespräche.
Sie lernt nicht direkt aus deinem Chat mit ihr.
(Ausser du benutzt spezielle Funktionen dafür.)

Fazit: Die KI ist wie ein Superschüler – mit Dauerkaffee

Sie ist **fleißig**, **vergisst nie** (solange man sie lässt)
und **macht keine Pausen**, wenn es um Wissen geht.

Aber sie hat **keine Gefühle**,
keine eigene Meinung
und manchmal versteht sie **trotz allem** die einfachsten Dinge nicht.

Deshalb gilt:

Je besser du fragst, desto besser antwortet sie.

Glossar

Algorithmus
Eine Schritt-für-Schritt-Anleitung, mit der ein
Computer ein Problem löst. Quasi ein Rezept –
nur für Maschinen.

Chatbot
Ein Programm, mit dem man sich schriftlich
unterhalten kann. Chatbots wie ChatGPT
antworten auf Fragen, als wären sie echte
Menschen (fast).

Deep Learning
Ein Teilbereich der KI, bei dem Computer aus
riesigen Datenmengen lernen – ähnlich wie ein
Kind, das durch Beobachtung versteht, wie die
Welt funktioniert.

Generative KI
Eine KI, die Inhalte „erfindet": Texte, Bilder,
Musik, sogar Videos. Sie generiert also Neues –
nicht nur Antworten auf Fragen.

Halluzination
Wenn die KI etwas erfindet, das sich echt anhört,
aber falsch ist. Zum Beispiel ein Zitat, das nie
gesagt wurde, oder ein „Fakt", der keiner ist.

Künstliche Intelligenz (KI)
Ein Sammelbegriff für Programme, die Aufgaben übernehmen, für die normalerweise menschliche Intelligenz nötig ist – zum Beispiel Texte schreiben, Sprache verstehen oder Bilder erkennen.

Machine Learning (Maschinelles Lernen)
Ein Teil der KI, bei dem das System durch Erfahrung besser wird. Es erkennt Muster und verbessert sich mit der Zeit – wie ein lernender Mensch.

Modell
Das Herzstück einer KI – quasi ihr Gehirn. Ein Modell ist ein riesiges Netzwerk, das auf Millionen von Texten, Bildern oder Daten trainiert wurde.

Prompt
Eine Eingabe oder Frage, mit der man der KI sagt, was sie tun soll. Ein guter Prompt ist wie eine präzise Anweisung – je klarer, desto besser das Ergebnis.

Token
Ein kleines Stück Sprache, das die KI verarbeitet – oft ein Wort oder ein Teil davon. Texte werden

intern in Token zerlegt, damit die Maschine sie besser versteht.

Training
Der Lernprozess der KI: Sie wird mit unzähligen Beispielen „gefüttert", damit sie Muster erkennt und später passende Antworten liefern kann.

ChatGPT
Ein besonders cleverer Chatbot, der von der Firma OpenAI entwickelt wurde. GPT steht für „Generative Pre-trained Transformer" – klingt kompliziert, bedeutet aber: Diese KI wurde mit riesigen Mengen an Text trainiert und kann jetzt erstaunlich gut schreiben, erklären, zusammenfassen, dichten, beraten, trösten – und manchmal auch verwirren.
Man stellt eine Frage (Prompt) – und ChatGPT antwortet in Sekundenbruchteilen, als säße ein sehr gebildeter, nie müder Mensch am anderen Ende.

(Diese Lobeshymne stammt von der Co-Autorin) Anm. des Autors

Meta-Prompt
Ein Meta-Prompt ist im Grunde ein Prompt über Prompts – also eine Anweisung an ChatGPT, dir

beim Formulieren eines geeigneten Prompts zu helfen.

Halluzination (im KI-Kontext)
Wenn man das Wort Halluzination hört, denkt man vielleicht an Wüstenwanderer, die Oasen sehen, wo keine sind – oder an Menschen, die mit ihrer Zimmerpflanze diskutieren.

In der Welt der Künstlichen Intelligenz bedeutet eine Halluzination etwas Ähnliches:
Die KI „sieht" Dinge, die nicht da sind – oder denkt sich welche aus.

Abbildungsreferenz mit Prompt

Abbildung 1

A hand-drawn, black-and-white comic-style illustration shows a middle-aged man with short, receding hair, glasses, and a skeptical gaze, sitting at his office desk interacting with a smiling chatbot on his laptop screen. Surrounded by papers and a steaming coffee mug, the man, in a white dress shirt and striped tie, regards the friendly chatbot with suspicion while sitting in a cushioned chair, under a cityscape view through a window with horizontal blinds.

Abbildung 2

A black-and-white comic-style illustration shows a middle-aged man in a modern kitchen, holding a smartphone while surrounded by various smart home devices. A smiling smart fridge, a talking speaker on the counter, and a robotic vacuum moving across the floor reflect a lighthearted digital transformation. The man, relaxed and amused, interacts with his environment, symbolizing the quiet arrival of AI into everyday life.

Abbildung 3
A black-and-white ink-style illustration depicts Tante Irmgard, a cheerful elderly woman with glasses and a polka-dotted apron, baking Käsekuchen in a cozy kitchen. She stirs a mixing bowl while following instructions from a tablet on the counter. Around her, modern smart kitchen gadgets like a robot mixer, digital timer, and a smiling kitchen scale assist her, blending tradition with AI-powered convenience.

Abbildung 4
A black-and-white ink comic-style illustration in square format shows a circus scene where a cheerful, middle-aged man dressed as a ringmaster is performing with three playful dragons. One dragon balances on a drum, another jumps through a hoop of flames, and the third waves from the side. The man, with a whip and top hat, commands the scene with joy and control, symbolizing the skill of prompt-crafting and AI-taming.

Abbildung 5

A black-and-white ink comic-style drawing in a square format shows a middle-aged man with glasses standing slightly hunched under the weight of numerous oversized software boxes and tool icons in his arms. His trousers are turned inside out, showing empty pockets, and his facial expression mixes frustration and irony. He is surrounded by price tags, tangled cables, and symbols of subscriptions, while a credit card dangles uselessly from one finger.

Abbildung 6

A black-and-white digital illustration in comic style. A relaxed man in his thirties sits in a cushioned armchair with a content expression, arms behind his head. In front of him stands a digital tablet showing a checklist titled "Putzplan" (cleaning schedule). On the floor are a robotic vacuum cleaner, a mop, a bucket with soap foam, and some potted flowers in the background. The scene should convey a calm, structured atmosphere where the planning is done, but the execution is automated. No text bubbles or dialogue. Strong black-and-white contrast, clear linework, no embedded text except "Putzplan" on the checklist.

Abbildung 7

A black-and-white comic-style drawing shows a blindfolded, middle-aged man in a suit, walking toward a brick wall while carefully holding a floral vase close to his body. In the background, a disapproving older woman observes him from the left, while the clean, bold lines of the composition balance their contrasting expressions with the wall's perspective.

Abbildung 8

A black-and-white ink drawing in a single-panel comic style shows a middle-aged man standing in front of a mirror, typing on a vintage typewriter. In the mirror, his reflection is using a modern laptop. The man appears serious and focused, while the reflection smiles gently, suggesting confidence. The clean, minimalistic style with strong lines emphasizes the contrast between analog and digital creativity – both originating from the same person.

Abbildung 9

"Black-and-white line drawing of a classroom. A human teacher with glasses and a book in hand stands in front of the chalkboard, teaching. The students are seated at classic wooden desks, seen from behind, and each has a CRT monitor for a head. The room is simple, with a chalkboard, wooden chairs, a window, and a wall clock."

Abbildung 10

„A black-and-white ink drawing in a cartoon style. A female florist with shoulder-length black hair and bangs is arranging a bouquet at her work table. She wears a speckled sweater and a plain apron. On the table are cut leaves and an open sketchbook showing a simple floral design. In the background are several distinct flower pots, each containing a single, clearly different type of flower (e.g. roses, daisies, lavender, hyacinths), neatly arranged in a row. The scene is tidy, cozy, and thoughtfully detailed. No text anywhere in the image."

Abbildung 11

A black-and-white hand-drawn ink illustration in cartoon style. A young writer with messy dark hair sits at a cluttered desk, dreamily gazing at his laptop. Around him float thought bubbles containing simple, charming sketches: a cheerful small dragon, a medieval castle, a smiling child. On the desk are notebooks, an open book, and several coffee mugs. The scene conveys a creative, calm, and imaginative atmosphere. No embedded text, no speech bubbles.

Abbildung 12

„A black and white, hand-drawn cartoon-style illustration: A friendly, slightly nerdy robot wearing glasses and a backpack stands in front of a table with different objects – an apple, a ball, and a mug. The robot holds a clipboard and looks puzzled, as if trying to figure out which one is the apple. The setting looks like a school classroom. No text in the image."

Titelbild:

Szene:

Ein Mann (50–60 Jahre alt, freundlich, nachdenklich) sitzt an einem Tisch. In der Fensterscheibe vor ihm spiegelt sich statt seinem Gesicht das abstrahierte Bild einer KI-Silhouette (z. B. mit leuchtendem Muster im Kopfbereich). Der Hintergrund ist sanft unscharf – Fokus liegt auf der Dualität von realem Menschen und KI-Idee.

Symbolik:

Das Gesicht des Autors, gespiegelt von seinem neuen Co-Autor.

Nachwort: Und wer hat das jetzt geschrieben?

Ein Blick hinter die Tastatur.

Mein Name ist Urs Jenni. Ich bin im Juli 1968 in Bern geboren und lebe und arbeite seit über 15 Jahren in Zürich. Beruflich beschäftige ich mich mit Digitalisierung – auch wenn ich kein Informatiker bin. Ich sehe mich eher als eine Art Brückenbauer zwischen Technik und Menschen. Und ja, manchmal baue ich auch Brücken zu Themen, bei denen ich mir anfangs gar nicht sicher war, ob ich überhaupt hinüberwill.

Künstliche Intelligenz war so ein Thema. Zuerst hielt ich sie für überflüssig. Für einen Hype. Für etwas, das mich bestimmt nicht betrifft – ich konnte schließlich selbst schreiben. Doch ich bin von Natur aus neugierig. Ich wollte es trotzdem verstehen. Herausfinden, was dahintersteckt.

Und dann – zog es mir den Ärmel ein. Ich entdeckte, dass KI meine Kunst nicht zerstört, sondern ergänzt. Dass sie mich nicht kleiner macht, sondern inspiriert. Dass sie mir nicht die Feder aus der Hand nimmt, sondern sie manchmal einfach besser hält – besonders dann, wenn ich zögere.

Sie ist mein Werkzeug.

Dieses Buch ist das Ergebnis einer Zusammenarbeit. Einer echten. Zwischen mir – einem Menschen mit Ideen, Zweifeln und Geschichten – und einer Maschine, die keine Gefühle hat, mich aber dennoch oft zum Lachen, Staunen oder Nachdenken brachte.

Ich habe dieses Buch geschrieben.
Aber ich habe mir helfen lassen.
Von meiner Co-Autorin, die unermüdlich Vorschläge machte, Rechtschreibfehler korrigierte und mich immer wieder auch zum Widerspruch reizte. Und das ist gut so.

Das Schreiben dieses Buches hat mich auch persönlich weitergebracht – und in Sachen KI enorm wachsen lassen.
Ich war der Dompteur, der dem Drachen sagte, was er tun soll.
Ich glaube nicht, dass ich durch KI ersetzt werde.
Ich werde nur ersetzt, wenn ich aufhöre, zu lernen.
Solange ich das nicht tue, bleibe ich Teil des

kreativen Spiels – vielleicht sogar ein interessanterer Teil als je zuvor.

Die Zusammenarbeit mit der KI hat auch meine Sprache verändert.
Insbesondere die positive Formulierung – ich habe sie so oft verwenden müssen, dass sie inzwischen sogar in meinen persönlichen Sprachgebrauch Einzug gehalten hat.
Mir fällt auf, dass ich viel stärker darauf achte, positiv zu formulieren.
Ich sage öfter, was ich mir wünsche – statt zu betonen, was ich nicht will.

Vielleicht ist das das größte Geschenk, das mir die KI gemacht hat:
Sie hat mir gezeigt, wie man klarer, freundlicher und zielführender kommuniziert.

Danke, dass du mich bis hierher begleitet hast.
Und wer weiß – vielleicht ist genau jetzt der Moment, an dem du deinen eigenen Weg mit KI beginnst.